Erschienen
im Jubiläumsjahr 2002
bei Klett-Cotta

# Inhalt

*Meiner Schwester Dorothee Fliess,*
*in liebevollem Gedenken*

# Dank

Ich möchte den Kuratoren der Nuffield Foundation meinen Dank aussprechen. Ohne ihre großzügige Unterstützung hätte ein großer Teil der Forschungsarbeiten, von denen ich berichte, nicht durchgeführt werden können, und dieses Buch wäre nicht zustande gekommen.

Ich möchte auch all denen danken, mit denen ich zusammenarbeiten durfte, und den Freunden und Kollegen, die mich beim Schreiben dieses Buches mit ihren konstruktiven Kommentaren unterstützt haben.

Die Illustrationen wurden ursprünglich in folgenden Zeitschriften veröffentlicht: *Psychological Medicine, Autism, British Journal of Psychology* und *Journal of Child Psychology and Psychiatry*.

# Vorwort

Im Rahmen meiner Arbeit als Wissenschaftler und Kliniker muß ich ungeheuer viele Bücher lesen. Viele davon sind höchst interessant und informativ, und bei manchen (eher wenigen) macht das Lesen Freude, weil der lebendige und kreative Stil Begeisterung und begriffliche Klarheit ausstrahlt. Eher selten aber stoße ich auf Bücher, die über alle diese großen Qualitäten verfügen, mich außerdem auf eine aufregende Entdeckungsreise mitnehmen, bei der Ideen und Vorstellungen auf eine neuartige Weise miteinander verbunden werden, und denen es gelingt, bislang kompliziert und undurchschaubar erscheinende Zusammenhänge einfach und verständlich darzustellen. Das vorliegende Buch ist eine solche Rarität. Es erzählt eine so fesselnde Geschichte, daß man es nur schwer aus der Hand legen kann. Doch es geht noch weit darüber hinaus und offenbart – obwohl das beim Schreiben gar nicht beabsichtigt war – auf lebendige und packende Weise etwas von dem, was Beate Hermelin zu einer der brillantesten und innovativsten Gestalten der heutigen Experimentalpsychologie und außerdem zu einer höchst gewinnenden Persönlichkeit macht. Ihre Absicht ist, den Leserinnen und Lesern einen Einblick in die geistigen Strategien zu vermitteln, die sich hinter den außerordentlichen Talenten von – meist autistischen – »Idiots savants«[1] verber-

---

[1] Auf die Begriffe »Idiot savant« und »Savant« geht Beate Hermelin in Kapitel 1 ausführlich ein. Sie sollen hier nur kurz erläutert werden:

gen. Diesem Anspruch wird sie auf bestechende Weise gerecht, doch gelingt ihr darüber hinaus das noch schwierigere Kunststück, einerseits eine Vorstellung davon zu vermitteln, warum Wissenschaft eine aufregende Sache ist, und andererseits transparent zu machen, wie Wissenschaftler einander ausschließende Hypothesen ausarbeiten, um sodann zu testen, welche der Erklärungen sich bestätigen läßt. In der Öffentlichkeit entsteht manchmal der Eindruck, Wissenschaft sei dazu da, Tatsachen aufzuzeigen, doch in Wirklichkeit geht es in der Wissenschaft um etwas völlig anderes. Natürlich produziert sie so etwas wie »Tatsachen« und muß mit diesen »Tatsachen« arbeiten, doch die eigentliche Absicht dabei ist, die *Bedeutung* der Tatsachen herauszufinden – es geht also um das *Wie*, nicht das *Was*.

Für Wissenschaftler stellen die Begabungen der sogenannten Savants eine große Herausforderung dar. Denn wie ist es möglich, daß Menschen, die in ihren allgemeinen geistigen Funktionen derart beeinträchtigt sind, daß andere für sie sorgen müssen, trotzdem in einem einzelnen Bereich derartige Fähigkeiten an den Tag legen, daß sie die meisten hochintelligenten Menschen darin auf frappierende Weise übertreffen? Falls diese Frage sich beantworten läßt, welche

---

Der medizinische Terminus »Idiotie« bezeichnet eine oft hochgradige geistige Behinderung. Mit dem französischen Ausdruck »Idiot savant« ist also ein geistig Behinderter gemeint, der zugleich ein »savant« ist, ein »Kluger« oder »Wissender«. Trotz seiner allgemeinen geistigen Retardierung und seiner geringen Intelligenz vollbringt er auf dem Gebiet seiner Spezialbegabung erstaunliche Leistungen, die oft weit über die ihm intellektuell überlegener Menschen hinausgehen.

In der Fachliteratur hat sich der (weniger herabsetzend klingende) Begriff »Savant« durchgesetzt. Er meint einen geistig, psychisch oder sensorisch Behinderten, der in einem umgrenzten Bereich eine »Inselbegabung« zeigt. A. d. Ü.

allgemeinen Folgerungen zu unseren geistigen Funktionen lassen sich dann daraus ziehen, und in welchem neuen Licht erscheint dann die Störung, unter der die meisten Savants leiden, nämlich der Autismus? Wer sich für das Wesen des Menschen interessiert, betrachtet das außergewöhnliche und rätselhaft wirkende Phänomen der Savant-Begabungen mit ehrfürchtigem Staunen. Bei Menschen, die selbst über entsprechende Spezialbegabungen verfügen, stellt sich angesichts der Savant-Begabungen die Frage, worin denn ihre eigenen Fähigkeiten eigentlich gründen. Gibt es irgendwelche Überschneidungen zwischen den Talenten musikalischer Savants und der kreativen Frühreife eines Mozart? Lassen sich irgendwelche Verbindungslinien zwischen den spektakulären Zeichenfähigkeiten künstlerisch begabter Savants und großer Maler ziehen? Was haben die Talente von Kalender-Savants mit »echter« Mathematik zu tun? Einer der vielen Vorzüge dieses bemerkenswerten Buches ist, daß es nicht nur alle drei genannten Perspektiven zusammenführt, sondern auch deutlich macht, daß sie miteinander kombiniert werden *müssen*, damit die wissenschaftliche Analyse ihren Zielen wirklich gerecht werden kann. Durchweg ist zu erkennen, daß Beate Hermelin den Savants, deren Fähigkeiten sie untersuchte, großen Respekt entgegenbringt. Dies hat zweifellos viel dazu beigetragen, daß es ihr gelang, die Savants zur Mitwirkung bei den experimentellen Studien zu gewinnen. Es macht aber auch deutlich, daß ein diszipliniertes Forschen nach wissenschaftlicher Erkenntnis sich durchaus mit Einfühlsamkeit und Anteilnahme verbinden läßt und nicht ausschließen muß, daß man die Individualität derjenigen Menschen achtet, deren Eigenschaften man mit Scharfsinn und wissenschaftlicher Objektivität zu ergründen versucht.

Jedes Kapitel über ein bestimmtes Talent beginnt mit

11

einer kleinen Einführung, in der die wesentlichen Grundzüge des jeweiligen Themengebiets vorgestellt werden – ob es sich nun um Musik, Kunst, Mathematik oder die Struktur des Kalenders handelt. Jede dieser Einführungen ist ein kleines Glanzstück, in dem Wissenschaft, Literatur und historisches Wissen in höchst fesselnder, leicht verständlicher Weise ineinanderfließen. Vom akademischen Elfenbeinturm sind wir hier Lichtjahre entfernt. Das leitende Prinzip dabei ist: Ehe wir die Spezialbegabung eines Savant ergründen können, müssen wir zunächst verstehen, wodurch sich die betreffende Fähigkeit auszeichnet, wenn sie in ihrer höchsten Ausprägung auftritt, ohne mit einer Behinderung einherzugehen. Dementsprechend gehörte es zur Forschungsstrategie, Mathematiker, Musiker und Künstler mit einzubeziehen. Die Leserinnen und Leser erfahren deshalb nicht nur etwas über die Fähigkeiten von Savants, sondern gewinnen auch einen tieferen Einblick in die genannten Aspekte der Kreativität.

Lassen Sie mich nun aber auf den wissenschaftlichen Aspekt zu sprechen kommen, der im Zentrum des Buches steht. Wie wurden die Experimente konzipiert? Welche Ziele wurden dabei verfolgt? Wie wurde ermittelt, welche der möglichen Erklärungen wahrscheinlich die zutreffendste war? Eine ausführliche Diskussion der üblichen wissenschaftlichen Requisiten – Stichproben, Meßwerte, Statistiken – bleibt den Leserinnen und Lesern erspart, und doch werden sie begreifen, wie diese Instrumente eingesetzt wurden, um konkurrierende Hypothesen gegeneinander abzuwägen. Die Forschungsstrategie umfaßte stets drei Kernkomponenten. Erstens wurde das Muster von Leistungsstärken und -schwächen, das sich bei den Savants zeigte, mit demjenigen verglichen, das bei nichtbehinderten Spezialisten des jeweiligen Gebiets sowie bei »Normalbegabten« zutage trat. Zweitens wurden die Savants auch untereinander in ihren Leistungsstärken und -schwächen verglichen, und zwar mit Hilfe raffinierter Abwandlungen sowohl der Aufgabenstellungen selbst als auch der Aufgabenpräsentation. Drittens ging man bei der Planung der Studien von dem aus, was man bereits über die betreffenden Fähigkeitsbereiche wußte, und gestaltete die Aufgaben so, daß sie eine bestimmte Problemlöse-Strategie erforderten oder prüften, ob Übungseffekte oder andere Fähigkeiten einen Einfluß hatten.

Zum Beispiel zeigte sich bei der Untersuchung eines Mannes, der eine Vielzahl von Fremdsprachen beherrschte, daß seine Fähigkeiten sich vor allem auf sprachliche Einzelelemente, nämlich Wörter, Morpheme (die kleinsten bedeutungtragenden, nicht weiter teilbaren Untereinheiten von Wörtern) und Vor- und Nachsilben erstreckten und weniger auf die Grammatik. Die Gewandtheit, die er beim Lesen und Übersetzen der verschiedensten Sprachen an den Tag legte, war in vieler Hinsicht außerordentlich, doch er war nicht in der Lage, sich auf die Bedeutung eines Satzes in seiner Ganzheit zu konzentrieren, und zeigte auch weniger Geschick, wenn es um das Erlernen fremder grammatischer Regeln ging. In Studien mit Kalender-Savants setzte man beispielsweise Aufgaben ein, bei denen sie sich die Regel, daß die Struktur des Jahres sich alle 28 Jahre wiederholt, bei manchen Daten zunutze machen konnten, bei anderen nicht. Bei weiteren Aufgaben ging es um Daten (wie etwa die des Osterfests), auf die sich die Strukturregeln des Kalenders nicht anwenden lassen. Es wurde deutlich, daß die Kalender-Savants sich auf regelgeleitete Strategien und nicht nur auf mechanisches Einüben und Memorieren stützten. Bei malerisch begabten autistischen Savants zeigte sich, daß ihre Fähigkeiten nicht auf einem besonders ausgeprägten

Erinnerungsvermögen für visuelle Muster beruhten. Vielmehr machten sie Gebrauch von Abbildungs- und Perspektivregeln und konnten sich gut in die visuelle Perspektive von anderen hineindenken, obwohl sie ansonsten nicht in der Lage waren, sich in sie hineinzuversetzen und ihre Denkweise nachzuvollziehen. Musikalisch begabte Savants, die Musik nachspielen oder auch selbst kreieren konnten, orientierten sich ebenfalls an Strukturregeln.

Bei ihren Vergleichen zwischen diesen Fähigkeitsbereichen sowie zwischen den Einzelaspekten eines jeden Bereiches arbeitet Beate Hermelin als durchgehendes Merkmal heraus: Die Savants verfolgen die mentale Strategie, aus Einzelelementen übergreifende Muster und Strukturen höherer Ordnung abzuleiten. Dagegen gehen die meisten von uns beim Denken und anderen geistigen Prozessen genau umgekehrt vor. Wir nehmen nämlich zunächst Bedeutungen und ganze Gestalten wahr, um von dieser Basis aus die Einzelheiten zu erfassen. Wir sind meistens nicht sehr gut darin, Probleme auf der abstrakten Ebene zu lösen, wenn uns Sinnzusammenhänge und vertraute Anhaltspunkte fehlen. Auf die Spezialbegabungen der Savants scheint dies nicht zuzutreffen, wobei sie allerdings meist sehr eng umschrieben sind. Es liegt den Savants fern, ihre außergewöhnlichen kreativen Hervorbringungen kritisch zu bewerten, zu überarbeiten oder umzustrukturieren, und deshalb wirken diese in der Regel wie ein erster Entwurf und nicht wie etwas Abgeschlossenes. Durch ihre Strategien sind sie anderen Menschen in manchen Aspekten weit voraus, in vielen aber wesentlich eingeschränkter. Wir sollten ergründen, woher ihre unglaublichen Leistungen rühren (und sie bewundern), aber auch Klarheit darüber gewinnen, warum diese Leistungen nicht in künstlerische oder wissenschaftliche Innovationen münden.

Wie Beate Hermelin auf eindrucksvolle Weise zeigt, sind dazu Experimente notwendig, in denen Leistungsstärken *und* Leistungsschwächen zutage treten können. An den Leistungsschwächen allein könnten wir nur sehr wenig ablesen, weil es so viele mögliche Gründe dafür gibt, daß jemand mit einer Aufgabe nicht zurechtkommt. Das Geschick kreativer Wissenschaftler besteht darin, Experimente so zu konzipieren, daß gute Leistungen der Testpersonen für die eine Erklärungshypothese sprechen, schwache Leistungen dagegen die konkurrierende Erklärungshypothese stützen. Wie die Begabungen von Savants nach diesem Prinzip erforscht wurden, führt das Buch mit einer wunderbaren Leichtigkeit vor Augen. Beim Lesen werden Sie nicht nur die wissenschaftlichen Aspekte erfassen, sondern auch eine Ahnung davon bekommen, wie faszinierend es ist, als Wissenschaftler auf Entdeckungsreise zu gehen. Beate Hermelin ist eine Realistin, die weiß, wie viele Bausteine noch fehlen, bis das Bild vollständig wird, doch ihr Buch und auch ihre übrigen, breiter gefächerten Studien zum Autismus eröffnen neue Perspektiven, die uns zwingen, einige grundlegende Vorstellungen neu zu überdenken. Nebenbei zeigt das Buch auch die große Gabe Beate Hermelins, einem breiten Publikum wissenschaftliche Sachverhalte nahezubringen. Es sei Wissenschaftlern wie interessierten Laien wärmstens empfohlen, weil es anschaulich und klar die experimentelle Erforschung von außergewöhnlichen Begabungen wie auch von Behinderungen schildert.

*Sir Michael Rutter*
*November 2000*

# Kapitel 1: Überblick

Ein Gedicht von Alfred, Lord Tennyson aus dem Jahr 1850 ist dem Gedenken an einen sehr begabten Mann gewidmet, der die schlimmen Umstände seiner »niedrigen Geburt« überwand. Tennyson schrieb, daß der Begabte jemand ist,

> *Who breaks his birth's invidious bar,*
> *And grasps the skirts of happy chance,*
> *And breasts the blows of circumstance,*
> *And grapples with his evil star.*[1]

Diese Verse könnten ebensogut einen »Idiot savant«[2] meinen. Mit diesem Ausdruck wird ein Mensch bezeichnet, der zwar geistig behindert und in der Regel auch autistisch ist, aber dennoch auf einem Gebiet wie zum Beispiel der Kunst, der Musik oder der Mathematik über herausragende Fähigkeiten verfügt. Im neunzehnten Jahrhundert nannte man Menschen, die von der Komplexität des Lebens völlig überfordert waren, entweder »Idioten«, »Imbezile« oder »Geistesschwache«, je nach dem Schweregrad ihrer geistigen

---

[1] »In Memoriam A. H. H.« ist bislang nur zum Teil ins Deutsche übertragen worden (von Cornelia Holfelder-von der Tann), die Strophe LXIV leider nicht. Hier ein sehr wörtlich gehaltener Versuch: »Der die ungerechte Schranke seiner Geburt durchbricht/Und den Saum des glücklichen Zufalls packt/Und sich tapfer den Schlägen des Schicksals entgegenstellt/Und mit seinem bösen Stern ringt.« A. d. Ü.
[2] siehe auch die Fußnote zum Vorwort

Beeinträchtigung. In Großbritannien aber unterschied man 1959 in einem »Gesetz zu Fragen der Geisteskrankheit und der geistigen Defizienz« zwei Kategorien der »Subnormalität«. Eine »schwerwiegende Subnormalität« war demnach bei einem Menschen anzunehmen, »dessen Gesamtpersönlichkeit so weit hinter dem Maßstab der Normalität zurückbleibt, daß der Patient unfähig ist, ein eigenständiges Leben zu führen«. Die mildere Form, die nur »Subnormalität« genannt wurde, sah man bei einem Menschen vorliegen, »dessen gehemmte oder unvollständige geistige Entwicklung nicht so stark gestört ist, daß eine schwerwiegende Subnormalität vorliegt. Letztere geht mit einer Subnormalität der Intelligenz einher und verlangt oder ermöglicht aufgrund ihrer Ausprägung oder ihres Schweregrades medizinische Behandlung oder eine andere Art der besonderen Betreuung oder Unterweisung des Patienten«.

Geistige Subnormalität ist für sich genommen weder eine Krankheit noch eine einzelne, klar abgrenzbare Kategorie. Zwar ist den Menschen, die diese Diagnose bekommen, in der Regel gemeinsam, daß ihre Denk- und Lernfähigkeit herabgesetzt ist, doch die Ursachen hierfür sind vielfältig. Es kann sich um genetische Faktoren handeln, um Traumata vor oder bei der Geburt oder um spätere Erkrankungen und Unfälle, die die Leistungsfähigkeit der Hirnfunktionen mindern. Die Beeinträchtigung geistiger Vorgänge kann auch auf bislang weniger klar bestimmbaren Ursachen beruhen, wie das etwa beim Autismus der Fall ist.

Daß geistige Behinderung durch verschiedenste Faktoren bedingt sein kann, ist seit langem bekannt, und A. F. Tredgold hat ihre Merkmale 1909 in einer klassischen Abhandlung dargelegt. Ihre systematische psychologische Erforschung setzte freilich erst in den frühen fünfziger Jahren ein. Pioniere in Großbritannien waren Jack Tizard und Neil

O'Connor vom Medical Research Council[3] sowie die klinischen Psychologen Ann und Alan Clarke. Ich selbst kam 1956 zum Medical Research Council, und damit begann meine lange Zusammenarbeit mit O'Connor. Unser Ziel war, in die Erforschung der Sprache und des Denkens von geistig behinderten und autistischen Kindern experimentelle Methoden einzuführen. Im Verlauf unserer Studien mußten wir durch das ganze Land reisen, um die Kinder in den betreffenden Einrichtungen, Spezialinternaten und beschützten Wohngruppen aufzusuchen. Bei diesen Besuchen begegneten wir gelegentlich Kindern, die ungeachtet ihrer allgemeinen geistigen Behinderung über eine überragende Spezialbegabung zu verfügen schienen.

Wir wußten natürlich, daß es Berichte über »Idiots savants« seit über hundert Jahren gibt. Der Franzose Alfred Binet, der den ersten Intelligenztest erfand, führte den Begriff ein, um damit Menschen zu beschreiben, die große Lernschwierigkeiten hatten und auf sich allein gestellt nicht lebensfähig waren, in einem bestimmten Bereich aber eine herausragende Fähigkeit besaßen. Zu Binets Zeiten bezeichnete der allgemeine Begriff »Idiot« alle Menschen, deren Intelligenzniveau deutlich unter dem Durchschnitt lag. Statt von »Idiots savants« spricht man heute lieber von »Savants« und vom »Savant-Syndrom«. Man geht davon aus, daß ungefähr die Hälfte der »Savants«, insbesondere die mit einer autistischen Störung, bei allgemeinen Intelligenztests in einem oder mehreren Untertests Werte erzielen, die einem normalen geistigen Funktionsniveau entsprechen. Es trifft aber dennoch zu, daß Savants aufgrund ihrer geistigen Behinderungen meistens nicht eigen-

---

[3] Medizinischer Forschungsrat, eine staatlich finanzierte, aber unabhängige Koordinations- und Förderungsinstitution. A. d. Ü.

ständig leben können und ständig Hilfe und Förderung brauchen.

Savants sind selten. Zwischen zwei und drei Prozent der Gesamtbevölkerung leiden unter einer mehr oder weniger starken geistigen Behinderung, doch von diesen erreichen, einer frühen Schätzung zufolge, wiederum nur 0,06 Prozent in einer speziellen Fähigkeit ein ungewöhnlich hohes Niveau, das weit über der durchschnittlichen Leistung nichtbehinderter Menschen liegt. Wie ich später eingehend erläutern werde, finden sich Savant-Begabungen bemerkenswerterweise viel häufiger bei Menschen, die an irgendeiner Form von Autismus leiden. Eine frühe Schätzung besagte, daß von 100 Autisten zehn über eine ausgeprägte Spezialbegabung verfügen. Heute aber ist man realistischer und geht davon aus, daß man bei 200 Menschen mit Störungen des autistischen Spektrums höchstens bei einem oder zweien berechtigterweise sagen kann, daß sie echtes Talent besitzen. Bislang liegt indes keine verläßliche Untersuchung dazu vor. Die Talente von Savants liegen im allgemeinen in den Bereichen des Rechnens mit Zahlen oder Kalenderdaten, der bildenden Künste und der Musik; allerdings gibt es, wie ich ebenfalls ausführen werde, einige seltene Fälle von außerordentlichen Fähigkeiten im sprachlichen Bereich. Obgleich die Talente von Savants tatsächlich auf relativ wenige Gebiete beschränkt sind, bringen sie dennoch ein breites Spektrum mentaler Vorgänge zum Ausdruck. Deshalb sollten wir in ihnen mehr als eine idiosynkratische, das heißt nur für das jeweilige Individuum typische Ansammlung von Fertigkeiten sehen. Freilich nützen dem Betreffenden seine Sonderbegabungen meist nur sehr wenig dabei, die geistigen und zwischenmenschlichen Anforderungen in anderen Lebensbereichen zu bewältigen.

Zu einer unserer ersten Begegnungen mit einem Savant

kam es, als wir in den späten siebziger Jahren eine Einrichtung für geistig Behinderte besuchten. Neil O'Connor und ich trafen auf einen 13jährigen Jungen, dessen geistige Funktionen sich auf recht niedrigem Niveau bewegten. Mickeys Denkvermögen entsprach dem eines nichtbehinderten Vierjährigen. Gleich als erstes fragte er mich, an welchem Tag ich denn Geburtstag hätte. Als ich den siebten August nannte, sagte er sofort: »1940 war das ein Mittwoch, und 2004 wird es wieder ein Mittwoch sein.« Ich war verblüfft und hatte natürlich keine Ahnung, ob das stimmte. (Es stimmte tatsächlich.) Was wir zu dem Zeitpunkt feststellen konnten, war lediglich, daß der Junge keinen Kalender besaß, aber wie besessen von Kalenderdaten war. Der einzige Kalender in der Einrichtung hing im Büro des Direktors an der Wand, und Mickey war völlig fasziniert davon und blätterte darin, wann immer er die Gelegenheit dazu hatte. Uns war zu dem Zeitpunkt nicht einmal bekannt, daß es so etwas wie immerwährende Kalender gab, und natürlich wußte auch Mickey das nicht. Anschließend aber machten wir uns darüber kundig, daß der Gregorianische Kalender nach bestimmten Regeln und Gesetzmäßigkeiten aufgebaut ist. Kalendarische Berechnungen sind zwar leichter zu bewerkstelligen, wenn man die Regeln kennt, doch sie bleiben ein Kunststück, das die Fähigkeiten eines durchschnittlich Begabten weit übersteigt. Konnte es wirklich sein, daß der Junge, dem wir begegnet waren, sich dieser Regeln bedient hatte? Wir beschlossen, dieser Frage nachzugehen.

Ein andermal waren wir im Klassenzimmer einer Sonderschule für Kinder mit schweren Lernstörungen. Eine Kollegin hatte uns darauf aufmerksam gemacht, daß es in der Klasse einen musikalisch sehr begabten autistischen Jungen gab. Es war in der Weihnachtszeit, und die Lehrerin spielte auf dem Klavier Weihnachtslieder und versuchte, die Kinder zum Mitsingen anzuregen. Mitten in der Schulstunde wurde sie ans Telefon gerufen und verließ das Klassenzimmer. Plötzlich stand Noel, der damals 15 Jahre alt war, von seinem Stuhl in einer der hinteren Reihen auf, ging zum Klavier und setzte sich hin. Er spielte nacheinander sämtliche Lieder, die wir gerade gehört hatten, mit allen Harmonien und Melodien, beidhändig und mit effizienter Fingertechnik. Wir fragten ihn, ob er denn jemals Klavierunterricht gehabt habe. »Nein.« »Habt ihr ein Klavier zu Hause?« »Nein.« »Hast du schon einmal Klavier gespielt?« »Ja, manchmal hier, wenn sie mich lassen.« Später erfuhren wir, daß Noel zu Hause viel Zeit damit verbrachte, Musik im Radio zu hören, und daß er dann am nächsten Tag das Gehörte auf dem Schulklavier nachspielte. Wir werden später auf Noel zurückkommen.

In einer anderen Sonderschule kam ein Junge mit einiger Verspätung zum Unterricht. »Warum bist du so spät dran?« »Unfall«, erwiderte er. »Was für ein Unfall?« Er antwortete nicht, sondern setzte sich hin und fing an, ein sehr eindrucksvolles Bild vom Zusammenstoß zwischen zwei Autos aus der Vogelperspektive zu zeichnen. Die Schuldirektorin sagte uns, daß Stephen immerfort am Zeichnen war und ein erstaunliches visuelles Gedächtnis hatte. Wir nahmen ihn zum Bahnhof St. Pancras mit, einem riesigen und architektonisch komplexen viktorianischen Gebäude. Er stieg aus dem Wagen aus und verbrachte die nächsten Minuten damit, um das Gebäude herumzugehen. Später an diesem Tag zeichnete er aus dem Gedächtnis ein verblüffend genaues Bild von dem Bahnhof. Als Stephens Zeichnungen dem mittlerweile verstorbenen Sir Hugh Casson vorgelegt wurden, der zu jener Zeit Präsident der Royal Academy of Art war, sagte er, Stephen sei der begabteste Künstler im Kindesalter, der ihm je begegnet sei. Mittlerweile hat Stephen die Kunstschule absolviert, und ich werde seine dortigen Erfahrungen in einem späteren Kapitel schildern.

Als Neil O'Connor und ich in den frühen achtziger Jahren begannen, das Wesen von Savant-Begabungen zu erforschen, waren die vorliegenden Berichte über die herausragenden Fähigkeiten solcher Menschen im allgemeinen rein deskriptiver Natur. Man erfuhr daraus, was sie zuwege brachten, doch es gab nur wenige Erklärungsansätze dazu, warum Menschen, deren geistige Fähigkeiten im übrigen mehr oder weniger schwer beeinträchtigt waren, dennoch diese außerordentlichen Leistungen vollbringen konnten. Derartige Schilderungen lösten Staunen und Faszination aus, doch selbst wenn sie viele kluge Einsichten enthalten mochten, boten sie doch wenig Erkenntnisgewinn. Wir kamen zu folgendem Schluß: Wollten wir mentale Vorgänge ergründen, die den Spezialbegabungen von Savants zugrunde liegen, so mußten wir eine gut kontrollierte experimentelle Methodik entwickeln, mit der sich die Begabungen eingehend analysieren ließen. Und genau so gingen wir auch vor.

Ein wesentliches Element einer solchen Methodik ist, daß wir Savants mit nichtbehinderten Menschen vergleichen, die ähnliche Spezialbegabungen haben. Weisen die (musikalischen, rechnerischen, künstlerischen usw.) Talente von Menschen, deren Fähigkeiten ansonsten sehr eingeschränkt sind, dieselben Merkmale auf wie die entsprechenden Talente von nichtbehinderten Menschen? Ist Talent unabhängig von Intelligenz und von den geistigen Behinderungen, die für den Autismus kennzeichnend sind? Und warum sind so viele Savants autistisch?

Um Antworten auf solche Fragen zu finden, müssen wir nicht nur Begriffe wie »Talent« und »Intelligenz« definieren und forschungsmethodisch gut kontrollierte Experimente ersinnen, sondern brauchen auch die statistische Analyse. Denn die Psychologie als Wissenschaft vom menschlichen Verhalten unterscheidet sich von anderen Disziplinen dadurch, daß sie auch die individuellen Unterschiede zwischen Menschen erforscht. Da wir immer nur eine begrenzte Anzahl von Individuen untersuchen können, gelangen wir unter Umständen zu Schlußfolgerungen, die sich nicht verallgemeinern lassen. Wir können also nie absolut sicher sein, daß die Ergebnisse, zu denen wir gelangen, auch bei einer anderen Gruppe von Individuen oder mit einer abgewandelten Forschungsmethodik zu reproduzieren wären. Wir können lediglich ermitteln, wie wahrscheinlich oder unwahrscheinlich es ist, daß unsere Ergebnisse stichhaltig und verläßlich sind. Um den Grad einer solchen Wahrscheinlichkeit einschätzen zu können, brauchen wir die Statistik. Psychologen akzeptieren einen Forschungsbefund in der Regel dann als »glaubwürdig«, wenn die Wahrscheinlichkeit, daß die Ergebnisse nur ein Zufallsprodukt sind oder auf dem Einfluß eines im Experiment nicht kontrollierten Faktors beruhen, nicht größer als 1 zu 20 ist. Aber natürlich ist man sich sicherer, wenn laut statistischer Analyse die Chance, daß man aus den Befunden falsche Schlußfolgerungen zieht, nur bei 1 zu 100 liegt. Auf die technischen Details der Verfahren, mit denen man solche Wahrscheinlichkeiten bestimmt, muß ich hier nicht eingehen. Ich möchte nur einige der logischen Grundprinzipien verdeutlichen und mache darauf aufmerksam, daß ich immer dann, wenn ich von »Unterschieden« zwischen Gruppen von Versuchspersonen spreche oder von »Unterschieden« innerhalb einer Gruppe, deren Mitglieder bestimmte Arten von Aufgaben lösen können und andere nicht, statistisch signifikante Unterschiede meine, die bestimmten rechnerischen Wahrscheinlichkeitskriterien genügen. Wen solche Gedankengänge nicht interessieren, der kann die folgenden Abschnitte überspringen.

War es zum Beispiel pures Glück, daß der Autist Tim das fehlende Puzzleteilchen fand, das niemand sonst bemerkt hatte, oder besaß er wirklich eine besondere Fähigkeit, Details wahrzunehmen? Um das klären, legten wir Tim eine Reihe von Aufgaben vor. Sie waren alle nur zu lösen, wenn man auf Details aufmerksam wurde. Wir konnten aus den Aufgaben einen Indikator dafür ableiten, wie gut Tim im Aufspüren von Details war. Der Indikator konnte beispielsweise der prozentuale Anteil der Aufgaben sein, den er zu lösen vermochte. Löste Tim die meisten Aufgaben, so konnten wir ausschließen, daß seine richtigen Antworten einfach nur auf Glück beruhten. Dieses Vorgehen läßt sich mit dem Werfen einer Münze vergleichen, das zeigen soll, ob sie »gezinkt« ist. Wenn wir sie einmal werfen und sie Kopf zeigt, ist das wohl reiner Zufall, doch wenn sie sechsmal hintereinander oder bei zwölf Würfen zehnmal Kopf zeigt, können wir schon ziemlich sicher sein, daß sie »gezinkt« ist. (Mit einer wirklich einwandfreien Münze werden wir bei weniger als fünf von 100 Versuchen sechsmal hintereinander Kopf werfen.) Wir gehen dabei auch von der Annahme aus, daß unsere Ergebnisse verläßlich, das heißt wahrscheinlich wiederholbar sind: Wenn jemand anders als wir dieselbe Münze werfen oder die Fähigkeit Tims zum Wahrnehmen von Details prüfen würde, dann wären wir uns ziemlich sicher, daß die Resultate ähnlich ausfallen würden.

Wenn aber Tim gut im Wahrnehmen von Details und außerdem Autist ist, können wir daraus nicht einfach schließen, die Fähigkeit zum Aufspüren von Einzelheiten sei ein allgemeines, typisches Merkmal des Autismus. Um unsere Vermutung zu bestätigen, müssen wir vielmehr mehrere autistische Kinder testen und zeigen, daß sie alle (oder zumindest die meisten von ihnen) gut im Wahrnehmen von Details sind. Zudem müssen wir zeigen, daß sie in dieser Hinsicht nichtbehinderten Kindern etwas voraus haben. Anstatt also nur ein autistisches Kind zu untersuchen, müssen wir mehrere autistische Kinder (sagen wir, zehn) und daneben eine vergleichbare Zahl nichtbehinderter Kinder testen. Dann können wir die Testleistungen der zwei Gruppen miteinander vergleichen. Einen ersten Eindruck können wir uns dadurch verschaffen, daß wir für jede der Gruppen den Durchschnitt oder Mittelwert aus den Leistungen der Kinder errechnen. Dieser Mittelwert allein reicht aber nicht aus. Wir müssen auch wissen, wie stark sich die Kinder innerhalb einer Gruppe voneinander unterscheiden. Falls nur wenige der autistischen Kinder in den Tests sehr hohe, die anderen aber niedrige Werte erzielen, dann ist klar, daß das gute Abschneiden bei diesen Tests kein typisches Merkmal autistischer Kinder sein kann. Wenn wir also nur die Durchschnittsleistung der Gruppe betrachten würden, könnte uns das in die Irre führen. Ein hoher Mittelwert könnte beispielsweise darauf beruhen, daß ein oder zwei Kinder sehr hohe Werte erzielen, während die übrigen sich auf Durchschnittsniveau bewegen. Wir müssen statistische Verfahren einsetzen, um entscheiden zu können, ob die Gruppen sich tatsächlich voneinander unterscheiden oder nicht. Diese Verfahren berücksichtigen nicht nur, wie weit die Leistungs-Mittelwerte der Gruppen auseinanderliegen, sondern auch, wie groß die Bandbreite der Leistungen innerhalb einer jeden Gruppe ist.

Leider haben wir in der Regel nicht die Möglichkeit, aus einer großen Zahl von autistischen Kindern per Zufall einige Vertreter auszuwählen. Vielmehr kommt es oft vor, daß unsere Gruppe von zehn autistischen Kindern bereits alle die umfaßt, die wir überhaupt untersuchen können. Mit unseren Tests wollen wir Verhaltensweisen ermitteln, die speziell mit Autismus zu tun haben und nicht auf Faktoren zurückgehen, die vom Autismus unabhängig und in diesem Zusammenhang also irrelevant sind. Einer der wichtigsten dieser Faktoren ist die Intelligenz. Zwar schneiden manche autistischen Kinder bei Intelligenztests gut ab, doch das durchschnittliche Intelligenzniveau einer typischen Stichprobe von autistischen Kindern ist niedriger als das einer typischen Stichprobe von nichtbehinderten Kindern. Um sicherzugehen, daß unsere Resultate nicht mit einem niedrigen Intelligenzniveau, sondern mit autistischen Merkmalen zu erklären sind, müssen wir unsere autistischen Kinder mit einer Gruppe von nicht-autistischen Kindern vergleichen, die entweder auf demselben geistigen Entwicklungsstand sind (dasselbe »geistige Alter« haben) oder etwa denselben Intelligenzquotienten erreichen – das heißt mit einer sogenannten »Kontrollgruppe«.

Bei einem Experiment dieser Art wird man zu dem Ergebnis gelangen, daß autistische Kinder Details tatsächlich besser registrieren können als nicht-autistische Kinder mit vergleichbarer Allgemeinintelligenz. Bei den autistischen Kindern ist, mit anderen Worten, ein ungewöhnliches und unausgeglichenes Leistungsprofil über verschiedene Aufgaben hinweg festzustellen. Meist bewältigen sie bestimmte Aufgaben gut und können sich zum Beispiel Zugfahrpläne gut merken, tun sich aber gewöhnlich schwer damit, Geschichten im Gedächtnis zu behalten. Um sicherzustellen, daß solche Phänomene auf autistischen Störungen und nicht auf anderen Faktoren beruhen, wählen wir jedes Kind unserer Kontrollgruppe so aus, daß es in seiner Fähigkeit, sich Geschichten zu merken, jeweils mit einem der autistischen Kinder vergleichbar ist. Die Schlüsselfrage ist nun, wie die Gedächtnisleistung der zwei Gruppen aussieht, wenn wir ihnen zum Beispiel eine Liste von per Zufall aus Buchstaben zusammengesetzten Wörtern vorlegen. Bei diesem Test stellt sich dann heraus, daß in beiden Gruppen die Leistungen der Kinder eine große Bandbreite aufweisen. Auf den ersten Blick sieht es so aus, als wären keine wirklich bedeutsamen Unterschiede festzustellen. Wenn wir aber die Leistungen der autistischen Kinder bei den beiden Erinnerungsaufgaben vergleichen, merken wir, daß jedes der autistischen Kinder sich mit den Listen von Zufallswörtern leichter getan hat als mit den Geschichten. Bei den Kindern der Kontrollgruppe dagegen ist kein derartiger durchgehender Unterschied erkennbar. Die statistische Analyse ergibt, daß zwischen Gruppen und Aufgaben eine statistisch signifikante »Interaktion« besteht. Das bedeutet: Anders als in der Kontrollgruppe ist bei den Autisten ein Leistungsunterschied zwischen den zwei Aufgaben zu beobachten. Allgemein gesprochen sind solche Experimente, bei denen Gruppen von Kindern mehr als eine Aufgabe vorgelegt bekommen, so daß sich »Interaktionen« prüfen lassen, weit aufschlußreicher als einfache Gruppenvergleiche oder Tests mit nur einer einzigen Aufgabe.

Ich muß indes noch einmal betonen, daß eine statistische Analyse immer nur einen Hinweis darauf liefern kann, wie wahrscheinlich es ist, daß wir uns in unseren Schlußfolgerungen geirrt haben. Psychologen betrachten einen Befund in der Regel dann als beweiskräftig und stichhaltig, wenn die Wahrscheinlichkeit, daß wir es mit einem Zufallsergebnis zu tun haben, nicht größer als 1 zu 20 ist. Wie ich weiter oben schon erläutert habe, meine ich in den folgenden Kapiteln, wenn ich von Unterschieden zwischen Gruppen oder innerhalb einer Gruppe spreche, stets einen statistisch signifikanten Unterschied, bei dem die Wahrscheinlichkeit mindestens 95 Prozent beträgt, daß die gefundenen Zusammenhänge der Wirklichkeit entsprechen.

Ich habe bereits den wichtigen Punkt angesprochen, daß die meisten Savants nicht nur unter einer mehr oder weniger starken geistigen Behinderung leiden, sondern auch als autistisch diagnostiziert werden. Nach meiner lange währenden Zusammenarbeit mit Neil O'Connor begannen Linda Pring und ich eine fruchtbare und erfreuliche Kooperation, die zehn Jahre dauerte. Unsere gemeinsame Arbeit konzentrierte sich auf die Frage, was es mit diesem Zusammenhang zwischen Autismus und den speziellen und außergewöhnlichen Fähigkeiten von Savants auf sich hat. Autismus ist ein seltenes Störungsbild, und die meisten Betroffenen leiden auch unter einer mehr oder weniger starken intellektuellen Behinderung. Leo Kanner hat die Störung 1943 als erster beschrieben. Das Hauptsymptom ist, daß die betroffenen Kinder keine Beziehung zu anderen Menschen aufnehmen können. Kanner sagt, daß sie Menschen behandeln, als seien sie Dinge. Er stellte bei Autisten außerdem deutliche sprachliche Defizite fest, ein eingeengtes Interessenspektrum, ein zwanghaftes Festhalten an ritualisierten Abläufen und ein Beharren auf einer unveränderlichen Umgebung. Das letztere Merkmal nannte er »ein Beharren auf Eintönigkeit«. Seither wurden verschiedene Theorien zu dem Syndrom aufgestellt, doch für die Zwecke dieses Buches werde ich nur eine von ihnen, die »Theorie der schwachen zentralen Kohärenz«, berücksichtigen und in Kapitel 2 und 3 näher darauf eingehen. Sie besagt, daß der Stil der autistischen Kognition nicht nur Defizite, sondern auch besondere Stärken mit sich bringt, und schien deshalb die Theorie zu sein, die für unsere Forschungsarbeiten die größte Relevanz hat. Hier soll es genügen zu sagen, daß es noch keine allgemein anerkannte Heilmethode für Autismus gibt. Als eine wahrscheinliche Ursache gilt eine Dysfunktion des Gehirns, die aber bislang noch nicht genau bestimmt worden ist und manchmal mit Epilepsie einhergeht. In vielen Fällen scheint auch ein genetischer Faktor eine Rolle zu spielen.

Dieses Buch ist ein Bericht aus meiner persönlichen Sicht über die Forschungen, mit denen meine Kolleginnen und Kollegen und ich uns fast 20 Jahre lang befaßt haben. Ich werde deshalb nicht auf die umfangreiche Literatur eingehen, die aus unserer Arbeit hervorgegangen ist. Andere haben sie viel besser zusammengefaßt, als ich es je könnte, zum Beispiel Donald Treffert in seinem Buch *Extraordinary People*. Ich möchte mich hier darauf beschränken, unsere Studien mit Savants zu schildern, die eine Begabung für das Erlernen von Fremdsprachen, für das Gedichteschreiben, für kalendarische und arithmetische Berechnungen, für die bildenden Künste oder für Musik haben. Wir führten die Experimente mit Savants durch, mit nichtbehinderten Menschen, die jeweils im selben Bereich begabt waren, sowie mit Menschen, deren Intelligenzniveau dem der Savants entsprach, ohne daß sie über Spezialbegabungen verfügten. Mein Bericht schließt außerdem auch qualitative Darstellungen von Einzelfällen ein.

In zwei der Kapitel beschreibe und analysiere ich seltene Savant-Talente auf sprachlichem Gebiet. In Kapitel 4 wird es um eine Frau gehen, die von ganz alltäglichen Situationen völlig überfordert und zu normalen zwischenmenschlichen Interaktionen nicht imstande ist. Sie kann verbale Testaufgaben nicht lösen, die jeder nichtbehinderte Achtjährige bewältigt, und ist auch nicht zu einem flüssigen Gespräch in der Lage. Und doch schreibt sie wunderbare und ausdrucksstarke Lyrik. Wir verglichen ihre Gedichte mit denen einer hochintelligenten Amateurlyrikerin, die nicht unter einer geistigen Behinderung leidet. Kapitel 5 ist einem jungen Mann gewidmet, der als Junge an einer Normalschule nicht zurechtkam und nach wie vor außerstande ist, ein eigenständiges Leben zu führen. Sein Gesprächsstil ist stark von Schablonen und Klischees geprägt, aber er kennt über 16 Fremdsprachen und kann sich innerhalb von Wochen eine neue aneignen.

Es folgen zwei Kapitel, in denen es um die bei Savants am häufigsten anzutreffende Begabung geht, nämlich das Kalenderrechnen. Die Betreffenden verblüffen andere damit, daß sie im Nu den Wochentag nennen können, auf den ein bestimmtes Datum in der Vergangenheit oder Zukunft fällt. Man hat verschiedentlich versucht, diese Fähigkeit ausschließlich auf Übungseffekte zurückzuführen, und es trifft sicher zu, daß solche Rechenkünstler eine ungeheure Menge an einzelnen Daten lernen und behalten. Ich werde allerdings zeigen, daß sie ihre außerordentlichen Leistungen auch dadurch zuwege bringen, daß sie auf die Strukturregeln und Gesetzmäßigkeiten des Kalenders zurückgreifen. Im Anschluß daran stelle ich Untersuchungen zum Datengedächtnis von Savants vor, die unsere Forschungskollegin Lisa Heavey durchgeführt hat.

In Kapitel 8 berichte ich von einem Mann, der innerhalb von Sekunden sagen kann, ob es sich bei einer beliebig großen Zahl um eine Primzahl handelt (das heißt, ob sie durch keine andere Zahl als durch 1 und durch sich selbst teilbar ist). Wir verglichen seine Fähigkeit, Primzahlen zu erkennen, mit derjenigen von Mathematikstudenten und konnten auf diese Weise näher bestimmen, welche Arten von Strategien jeweils eingesetzt wurden. Ich werde mich auch mit den malerischen und zeichnerischen Fähigkeiten von künstlerisch begabten Savants befassen (Kapitel 9, 10 und

11). Meist hat jeder Savant-Künstler seinen ganz besonderen persönlichen Stil. Manche haben ein außergewöhnliches Geschick im Darstellen von Details, räumlichen Beziehungen und linearer Perspektive, während andere sehr stimmungsvolle oder surreale Bilder schaffen. Trotz ihrer hohen Begabung interessieren sie sich meist nicht im mindesten für die Arbeit anderer Künstler oder auch dafür, was andere über ihre Bilder denken.

Pamela Heaton konnte im Laufe ihrer gemeinsamen Arbeit mit Linda Pring und mir zeigen, daß kognitive Strategien, wie sie Autisten ohne musikalische Begabung einsetzen, um Musik zu verstehen, bei anderen Autisten möglicherweise als ein Katalysator wirken, unter dessen Einfluß sich eine gegebene musikalische Begabung entfalten kann. Die betreffenden Studien machten auch deutlich, daß die musikalische Auffassungsgabe autistischer Kinder in vielen Aspekten intakt ist, selbst wenn sie kein Talent dafür haben, selbst Musik zu machen. Diese Befunde können uns helfen, zu verstehen, warum so viele der musikalisch begabten Savants Autisten sind. Eines ihrer besonderen Talente ist, daß sie Passagen, die sie nur wenige Male oder nur ein einziges Mal gehört haben, nachspielen oder nachsingen können. So beschrieb John Langdon-Down, nach dem das Down-Syndrom benannt ist, 1887 einen Jungen, den er in einer »Anstalt für geistig Defiziente« betreute. Nachdem der Patient zum ersten Mal in seinem Leben die Gelegenheit bekommen hatte, eine Oper zu besuchen, wußte er danach sämtliche Arien auswendig, die er gehört hatte, und konnte sie perfekt nachsingen. Ich werde zeigen, daß musikalisch begabte Savants in der Lage sind, musikalische Strukturen – das heißt die »Grammatik« der Musik – herauszufiltern, im Gedächtnis zu behalten und selbst anzuwenden (Kapitel 12). Sie können ihr Wissen nicht nur nutzen, um das Gehörte zu reproduzieren, sondern auch, um zu improvisieren, zu transponieren und eigene Kompositionen zu gestalten. Zum Abschluß werde ich eine Zusammenschau unserer Forschungsergebnisse versuchen und zu den geistigen Prozessen, die dem Savant-Phänomen zugrundeliegen, einige vorläufige Ideen vorstellen.

Die experimentellen Methoden, die der Neuropsychologie derzeit zur Verfügung stehen, sind zweifellos noch zu undifferenziert, als daß wir mit ihrer Hilfe zu gesicherten und stichhaltigen Befunden zum Wesen der Begabung gelangen könnten, ganz gleich, ob es um die Begabungen von Savants oder anderer Menschen geht. Wir können uns aber dennoch bemühen, nicht nur herauszufinden, *was* manche Menschen zu tun in der Lage sind, sondern auch, *wie* sie das tun. Edward Lee Thorndike, ein zu Beginn des 20. Jahrhunderts einflußreicher Psychologe, stellte die provokante Behauptung auf: »Alles, was existiert, existiert in einer bestimmten Quantität und läßt sich daher auch messen.« Derartige Meßversuche führen oft zu übertriebener Simplifizierung, so daß hinterher Korrekturen notwendig werde. Doch ihr Vorzug ist, daß sie einer Revision, also einer Bestätigung oder Widerlegung, überhaupt zugänglich sind. Mein Bericht zeigt, wie wir begonnen haben, die Erforschung von Savant-Talenten mit einer wissenschaftlich begründeten Methodik zu verbinden. Meine Absicht ist nicht, durch diese Herangehensweise das Staunen zu mindern, das uns angesichts der geheimnisvoll wirkenden, außergewöhnlichen Fähigkeiten von Menschen mit starken psychischen oder kognitiven Behinderungen erfaßt. Andererseits möchte ich Arthur Conan Doyle beipflichten, der anläßlich einer detektivischen Meisterleistung seines Sherlock Holmes feststellt: »Es ist ein kapitaler Fehler, eine Theorie aufzustellen, bevor man entsprechende Anhaltspunkte hat.« Ich hoffe also, daß die Daten und Befunde, die ich auf den folgenden Seiten ausbreite, nicht nur Ihre Ehrfurcht vor den außerordentlichen Leistungen der sogenannten Savants wachsen lassen, sondern Ihnen helfen können, das Wesen dieser Begabungen besser zu verstehen.

# Kapitel 2: Talent und Intelligenz

■ »Jedenfalls«, sagte die Herzogin vage, »gibt es gewisse Dinge, von denen man sich nicht losmachen kann. Recht und Unrecht, gutes Benehmen und moralische Geradheit besitzen klare, wohldefinierte Grenzen.«
»Diese allerdings«, erwiderte Reginald, »besitzt auch das Russische Reich. Der Haken ist nur, daß die Grenzen nicht immer an der selben Stelle bleiben.« ■

Das Zitat stammt aus eine Kurzgeschichte von Saki. Es läßt sich auf beide Begriffe des Kapiteltitels gleichermaßen gut übertragen. Jeder hat eine bestimmte Vorstellung davon, was mit ihnen gemeint ist, doch die Definitionen bleiben mehr oder weniger im Vagen, und man kann recht Verschiedenes darunter verstehen. Die beiden Wörter Talent und Intelligenz beschreiben keine Dinge, die über die Sinne wahrnehmbar wären, sondern sind abstrakte Begriffe. Wenn es um die Bedeutung von Worten wie »Hund«, »Stuhl« oder »Gartentor« geht, sind wir uns weitgehend einig. Auf die Bedeutungen, die wir mit Worten wie »Gerechtigkeit« oder »Patriotismus« verbinden, trifft dies in weit geringerem Maße zu. Wir können uns leicht darüber verständigen, was eine Tasse ist, während heutzutage alle darüber diskutieren, ob eine Backsteinmauer, ein ausgestopftes Tier oder ein zerwühltes Bett »Kunst« sein können. Um solche Unklarheiten zu vermeiden, werde ich kurz definieren, wie ich die Begriffe »Talent« und »Intelligenz« in diesem Buch verwende. Ich behaupte nicht, daß meine Definitionen in irgendeiner Weise allgemeingültig wären. Sie sollen einfach verständlich machen, was ich mit den Begriffen aussagen möchte.

In manchen Lexikoneinträgen wird Begabung oder Gabe als eine »auf wundersame Weise verliehene Fähigkeit« definiert, in anderen als »natürliche Anlage« oder »angeborene Befähigung«. Nach Ansicht des Biologen E. O. Wilson sind außerordentliche Denkleistungen nichts Magisches oder ein Gottesgeschenk, sondern beruhen darauf, daß ein Gehirn anderen in seiner Leistungsfähigkeit quantitativ überlegen ist. An dieser Sichtweise ist sicher etwas Wahres dran, doch das Savant-Phänomen läßt sich damit nur schwerlich in angemessener Weise erklären, denn definitionsgemäß ist ja bei den meisten Savants die allgemeine Hirnleistungsfähigkeit herabgesetzt. Selbst wenn man also Wilsons Auffassung übernimmt, bleiben noch immer viele Fragen offen, was das Wesen der Begabung im allgemeinen und der Begabungen von Savants im besonderen angeht.

Wenn ich in diesem Buch die Begriffe »Talent« oder »Begabung« verwende, meine ich damit eine dem Betreffenden wesenseigene Prädisposition, die zwar nicht mehr als ein Potential darstellt, aber ihm den Weg dazu bahnen kann, auf einem bestimmten Gebiet sehr großes Können zu entwickeln. Dieses vorgegebene Potential hat oft, aber nicht immer eine genetische Grundlage. In vielen Fällen ist es jedenfalls nicht einfach, die entscheidenden Einflüsse von Anlage und Umwelt auseinanderzuhalten. Kinder musikalischer Eltern haben diese Begabung möglicherweise von ihnen geerbt, aber andererseits dürften sie auch von klein auf mit viel Musik in Berührung kommen. Sie werden also Gelegenheit haben, sich das entsprechende grundlegende Wissen und Können anzueignen. Nun sind aber manche

Kinder musikalisch, ohne gleichermaßen begabte Eltern zu haben oder in einer musikalisch anregenden Umgebung zu leben, und beginnen dennoch spontan damit, sich entsprechende Erfahrungen selbst zu verschaffen, etwa indem sie sich oft Musiksendungen im Radio anhören. Freilich besteht noch nicht einmal Klarheit darüber, inwieweit der Kontakt und die Beschäftigung mit einem bestimmten Interessensgebiet überhaupt notwendig sind, damit sich ein entsprechendes Talent herausbilden kann. Manche malerisch oder zeichnerisch begabten Savants zum Beispiel zeigen wenig Interesse an den Bildern anderer und schauen sich kaum welche davon an.

Im Englischen bedeutet die Wendung »having a gift« (die Gabe zu etwas haben) dasselbe wie »being talented« (ein Talent zu etwas haben), was nahelegt, daß ein Talent etwas ist, das einem gegeben wird, ohne daß man es sich verdient oder danach gefragt hat. Was ein Mensch aber aus einer solchen Gabe macht, ist eine andere Sache. Um hervorragend Geige oder Fußball zu spielen, ist nicht nur ein naturgegebenes Geschick notwendig, sondern auch das Verlangen, sich die nötigen Fertigkeiten und Techniken anzueignen. Sowohl Übung als auch eine Motivation zu Beharrlichkeit und Ausdauer sind wesentliche Voraussetzungen dafür, daß jemand seine naturgegebenen Fähigkeiten steigern und das Beste aus ihnen herausholen kann. Muß er, damit aus seinem Talent Höchstleistungen hervorgehen, ein besonders kluger, anständiger oder angenehmer Mensch sein? Nein, er kann niederträchtig, ungerecht oder sogar in vieler Hinsicht beschränkt sein und dennoch beispielsweise ein exzellenter Pianist oder Rennfahrer werden. Um diese Unabhängigkeit großer Begabungen vom charakterlichen Wert eines Menschen geht es in Peter Shaffers Theaterstück *Amadeus*: Der arbeitsame und tüchtige Komponist Salieri ist außer sich vor Wut, weil er das Genie »dieses obszönen Kindes Wolfgang Amadeus Mozart« begreift.

Einige zeitgenössische und einflußreiche Psychologen vertreten die Auffassung, die Annahme, es gebe überhaupt angeborene Begabungen, führe zu nichts, und Talent sei kein reales Phänomen, sondern nur ein Mythos. Sie kommen zu dem Schluß, herausragende spezielle Fähigkeiten würden vor allem auf einem fortwährendem Üben beruhen, das auf Leistungssteigerung zielt. Sie gehen allerdings auch davon aus, daß neben Einflußfaktoren wie frühkindlichen Erfahrungen und Gewohnheiten außerdem Vorlieben eine Rolle spielen können. Man kann sich nun fragen, wodurch solche Vorlieben überhaupt erst zustande kommen. Denn bei Savants mit außergewöhnlichen speziellen Fähigkeiten ist die spontane Freude an der Aktivität selbst ebenso greifbar wie die Leichtigkeit, mit der sie ihre Leistungen vollbringen. Deshalb dürfte sich, wenn man herausragende Fähigkeiten von Savants vorwiegend auf zielgerichtetes Üben zurückführt, wohl kaum ein vollständiges Bild ergeben, oder besser gesagt, man stellt den Sachverhalt damit möglicherweise auf den Kopf. Es ist kaum anzunehmen, daß Savants unentwegt zeichnen, Klavier spielen oder Kalenderdaten berechnen, weil sie ihre Leistung steigern wollen. Ihnen ist nämlich meistens ganz gleichgültig, welchen Eindruck ihr Tun auf einen Betrachter oder Zuhörer macht. Wesentlich einleuchtender wäre, daß sie mit etwas fortfahren, das sie von Natur aus gut können, weil ihnen das Freude macht und weil das Tun an sich schon belohnend wirkt. Ich glaube, daß das auch auf viele andere Menschen zutrifft. Wir ziehen im allgemeinen Tätigkeiten vor, die uns leicht von der Hand gehen und uns Freude machen, weil wir eine natürliche Begabung dazu haben. Wenn die Lernvorgänge auf einem solchen Interessensgebiet mit relativer

Leichtigkeit und Geschwindigkeit ablaufen, ist das auch ein Hinweis darauf, daß ein entsprechendes Talent vorhanden ist. Es ist zwar eine Binsenweisheit, daß Übung den Meister macht, doch Übung allein reicht nicht aus.

Geistig behinderte Menschen können kaum irgend etwas gut, doch manche haben das Glück, die Veranlagung zu einer besonderen Fähigkeit (das heißt eine Begabung) zu haben. Sie befassen sich immer wieder mit denselben Dingen, weil sie daraus eine tiefe Befriedigung ziehen. Viele Savants können in ihrem Umfeld keine Erfahrungen machen, die mit ihrem Talent zu tun haben, und doch kommt das Talent oft in jungen Jahren ganz plötzlich zum Vorschein. Menschen mit eingeengten geistigen Fähigkeiten sowie mit einer Neigung zu stereotypen Verhaltensweisen, wie sie für den Autismus typisch ist, konzentrieren sich auf ihre Spezialbegabungen unter Umständen noch mehr als Menschen, denen mehr Möglichkeiten der Ablenkung offenstehen. Wenn sie sich ständig mit einem Thema beschäftigen, kann sich allmählich ein Wissen über dessen strukturelle Eigenschaften herausbilden, auch wenn dieses Wissen unbewußt bleiben mag. Das Speichern einzelner Informationseinheiten (etwa das Einprägen von Geburtsdaten, das wir von vielen Kalender-Savants kennen) ist nur der Anfang. Durch fortwährendes Wiederholen entstehen nach und nach Verknüpfungen zwischen den einzelnen Segmenten, und es entwickelt sich ein zusammenhängendes, systematisch aufgebautes Netzwerk. Die Regeln, denen ein solches sich herausbildendes Grundlagenwissen folgt, müssen nicht unbedingt in Worte gefaßt werden. Meist erfaßt der Savant die strukturellen Eigenschaften, ohne die Regeln explizit formulieren zu können.

Die Strategie des Herausfilterns von Strukturen wird dann sogar auf neue Aufgabenstellungen übertragbar, wie die Improvisationen und Transponierungen von Savant-Musikern zeigen. Auch einer unserer Kalender-Savants namens Peter war zu einem solchen Transfer in der Lage. In einer Studie konnten Linda Pring und ich zeigen, wie er in flexibler Weise Regeln auf Informationen anwendete, mit denen er zuvor nicht geübt hatte. Aus einer zufällig gemachten Beobachtung ließ sich schließen, daß Peter die Buchstaben des Alphabets mit der Zahlenreihe von 1 bis 26 gekoppelt hatte. Wenn man ihm beispielsweise die Zahl 17 vorgab, nannte Peter sogleich den Buchstaben Q, und umgekehrt. Natürlich hätte es sein können, daß er diese Buchstaben-Zahlen-Kombinationen im Geiste ausgiebig geübt hatte. Daher beschlossen wir, ihm neue Sequenzen aus Buchstaben-Zahlen-Paaren vorzulegen, mit denen er sicher nicht vertraut war.

Bei einer dieser Aufgaben bekam Peter nicht nur ein Alphabet, sondern eine Abfolge von fünf Alphabeten für kurze Zeit gezeigt, zusammen mit den dazugehörigen Zahlen von 1 bis 130. Nach dieser Lernphase sollte er dann in einer Reihe von Durchgängen zufällig ausgewählten Zahlen so schnell wie möglich die entsprechenden Buchstaben zuordnen. Das gelang ihm mühelos, und er brauchte zum Beispiel nur drei Sekunden, um auf die Zahl 68 mit »P« zu antworten. Bei einem weiteren Experiment kehrten wir die gewohnten Buchstaben-Zahlen-Entsprechungen um, so daß Z zu 1 wurde, Y zu 2, B zu 25, und so weiter. Wir hängten fünf solcher Serien aus umgekehrten Buchstaben-Zahlen-Kombinationen aneinander, so daß sich eine Serie von 130 Paaren ergab. Erneut konnte sich Peter die Darstellung der Sequenz kurz anschauen und wurde dann aufgefordert, zufällig ausgewählten Zahlen die passenden Buchstaben zuzuordnen. Wie zuvor waren seine Antworten durchweg richtig, wobei er etwas langsamer war als eine Kontroll-Versuchsperson, die von Beruf Mathematiker war. Peter brauchte für die Antwort aber stets weniger als zehn Sekunden.

Schließlich legten wir beiden Versuchspersonen eine Sequenz vor, in der das Verknüpfungsmuster von Zahlen und Buchstaben abwechselte. Insgesamt verwendeten wir drei Alphabete, aber diesmal waren nur im ersten und letzten die alphabetischen Positionen im Verhältnis zu den Zahlen umgedreht, im mittleren jedoch nicht. Das heißt, im ersten umgekehrten Alphabet war A der Zahl 26 zugeordnet, im letzten der Zahl 78. In der mittleren Serie aber entsprachen sich A und 27 oder auch Z und 52. Peter bekam natürlich auch bei diesem Experiment nicht gesagt, wie die Sequenz aufgebaut war, und mußte das selbst herausfinden. Nachdem er die nach wechselnden Mustern aufgebaute Sequenz kurz hatte betrachten können, gab er wiederum zu 100 Prozent richtige Antworten. Dem Mathematiker unterliefen einige Fehler, die er aber rasch selbst richtigstellte. Erneut war er schneller als Peter und brauchte für seine Antworten im Durchschnitt fünf Sekunden, während Peter zehn Sekunden benötigte. Die fehlerfreie Leistung des Savant in allen drei Experimenten ist nichtsdestotrotz erstaunlich und zeigt, daß er Abfolgeregeln und Zusammenhänge, die er bis dahin nie trainiert hatte, rasch und spontan erfaßte.

Auch wenn ich Talent hier so definiere, daß ein Potential dafür vorhanden ist, etwas Bestimmtes außergewöhnlich gut zu können, und außergewöhnliche Talente demnach nicht als einen Mythos betrachte, muß ich doch betonen, daß eine Begabung etwas anderes ist als eine Höchstleistung. Francis Galton schrieb 1869, weder Fähigkeit ohne Eifer noch Eifer ohne Fähigkeit würden ausreichen, um eine herausragende Stellung zu erlangen. Seiner Ansicht nach genügt nicht einmal eine Kombination aus beiden Elementen, falls nicht die geistige und körperliche Kraft dafür vorhanden ist, ein großes Arbeitspensum zu bewältigen. Der große englische Maler des achtzehnten Jahrhunderts Joshua Reynolds sagte, wenn jemand großes Talent habe, werde es durch Fleiß noch gesteigert. Er fügte allerdings hinzu, wenn jemand von Natur aus nur in Maßen begabt sei, werde Fleiß lediglich die Schwachstellen stärker sichtbar machen. Reynolds meinte also, daß Übung Talent nicht ersetzen kann.

Während ein Talent meist ein umschriebenes, quasi-modulares Phänomen ist, versteht man unter Intelligenz die übergreifende Fähigkeit, mit allen Arten von geistigen Anforderungen auf effektive Weise umgehen zu können. Intelligenz umfaßt die Funktionen des Verstehens, Erkennens, Lernens, Denkens, Bewertens, Planens sowie des Integrierens von Informationen, die aus verschiedenen Quellen stammen. Die Sichtweise, daß manche Menschen aufgrund ihrer Anlagen intelligenter als andere sind, gilt heutzutage oft als »politisch inkorrekt«. Es ist aber unbestreitbar, daß intelligente Menschen kognitive Operationen vor allem deshalb besser ausführen können als weniger intelligente, weil sie über ein höheres genetisch vorgegebenes Potential verfügen. Aus diesem Grund holen manche Kinder, die zunächst in einer für sie ungünstigen Umwelt aufwachsen, gewöhnlich auf, sobald die Umstände sich verbessern, und erreichen dann schließlich ihr genetisch angelegtes Intelligenzniveau. In seinem brillanten Buch *Der entzauberte Regenbogen* schreibt Richard Dawkins, aus irgendeinem Grund errege die Vorstellung, daß manche Menschen aufgrund ihrer genetischen Ausstattung klüger sind als andere, oft Anstoß. Aber genau dies, so legt er dar, muß der Fall gewesen sein, als

das menschliche Gehirn sich im Laufe der Evolution entwickelte. Es sei nicht zu erwarten, daß Tatsachen sich um
politischer Empfindlichkeiten willen mit einemmal ändern
würden.

Eine angesichts schwerverdaulicher und widersprüchli-
cher Fakten oft angewandte Strategie besteht darin, die Fak-
ten umzudefinieren, indem man andere Wörter zu ihrer
Beschreibung verwendet. Alan Clarke, der die wissenschaft-
liche Erforschung der Merkmale von geistig behinderten
Menschen mit begründet hat, gab mir einmal eine Liste der
Ausdrücke, die man zu verschiedenen Zeiten für geistige
Behinderung verwendete. Hier ist sie:

- fatuus naturalis,
- Idiotie,
- Oligophrenie,
- Amentia,
- Schwachsinn,
- geistige Defizienz,
- geistige Minderbegabung,
- geistige Entwicklungsverzögerung,
- geistige Behinderung,
- intellektuelle Beeinträchtigung,
- Lernbehinderung,
- Lernschwierigkeiten.

Clarke erzählte mir, daß er einmal aus Spaß »intellectually
challenged«[1] zu der Liste hinzugefügt hatte. Er war verblüfft, als seine Sozialarbeit-Studenten ihm sagten, der
Begriff werde an ihren Arbeitsstellen tatsächlich verwendet.

Erwähnenswert ist hier, daß Psychologen zwischen

---

[1] Wörtlich: »intellektuell in besonderer Weise herausgefordert«.
Euphemismen dieser Art waren und sind vor allem in den USA gän-
gig. Andere Beispiele: »developmentally challenged« für »retardiert«,
»vertically challenged« für »kleinwüchsig«. A. d. Ü.

»Intelligenz« und »Kognition« differenzieren. Intelligenz soll eine überdauernde geistige Fähigkeit bezeichnen, während Kognition als ein aktiver Prozeß gesehen wird, durch den wir Erkenntnis und Wissen gewinnen. Kognitive Akte sind zum Beispiel die der Wahrnehmung, der Aufmerksamkeit, des Gedächtnisses und des Lernens. Die Unterschiede zwischen den beiden Begriffen »Intelligenz« und »Kognition« sind allerdings fein, und ich werde sie deshalb so verwenden, daß sie untereinander austauschbar sind, und verstehe unter beiden die übergreifende Fähigkeit zum Denken und Problemlösen. In vielen Lebensbereichen sind sowohl kognitive Verarbeitungsfähigkeit als auch Intelligenz Voraussetzung für Erfolg, etwa in Schule und Beruf. Dennoch ist es sinnvoll, im Gedächtnis zu behalten, daß Intelligenz einen relativ konstanten geistigen Zustand bezeichnet, während der Begriff Kognition sich eher auf die Vorgänge bezieht, die an den Äußerungsformen der Intelligenz beteiligt sind.

Menschen unterscheiden sich also ganz zweifellos in ihrer Intelligenz. Lassen sich die Intelligenzunterschiede zwischen Individuen aber auch messen und in Zahlen ausdrücken? Ja, durchaus. Zu Beginn des 20. Jahrhunderts beauftragte die französische Regierung Alfred Binet, eine Methode zu entwickeln, mit der sich objektiv bestimmen ließe, welche Kinder von höherer Schulbildung profitierten und welche nicht. Mit der Methode, die er entwickelte, konnte er das erfassen, was er die »reine angeborene Intelligenz« nannte, und den Einfluß der für die schulische Praxis typischen Methoden des Auswendiglernens ausschalten. Die Fähigkeiten von Kindern, die keine solchen schulischen Erfahrungen gemacht hatten, ließen sich mit seiner Methode zutreffender bewerten, während bei Kindern, die das Schulwissen nur nachplapperten, zum Vorschein kam, daß sie eigentlich nur über »schwächere angeborene Fähigkeiten« verfügten. Binet ging an seine Aufgabe ohne irgendwelche theoretischen Vorannahmen heran. Er dachte sich einfach zahlreiche Fragen und Denkprobleme aus, die er dann Kindern vorlegte. Dann suchte er diejenigen Aufgaben heraus, die die meisten Kinder einer bestimmten Altersgruppe bewältigt hatten. Diese Mehrheit, so nahm er an, verfügte über eine durchschnittliche Intelligenz. Er stellte aber auch fest, daß manche Kinder Probleme zu lösen vermochten, die die meisten ihrer Altersgruppe überforderten, während andere nur mit einem Schwierigkeitsgrad zurechtkamen, den auch viel jüngere Schüler schon bewältigten. Er schied dann sämtliche Aufgaben aus, die nicht zu einer derartigen Differenzierung zwischen den Kindern führten, und behielt die übrigen bei. Dies war die Geburt des Intelligenztests.

Wenn ein Kind bei einem solchen Test in etwa dieselbe Leistung zeigt wie die Mehrheit seiner Altersgruppe, geht man davon aus, daß es über eine durchschnittliche Intelligenz verfügt. In Zahlen ausgedrückt hat es einen Intelligenzquotienten (IQ) von 100. Kann dagegen ein achtjähriges Kind auch die Fragen beantworten, die normalerweise nur ein durchschnittlicher Zehnjähriger meistert, würde man ihm einen IQ von 125 und einen geistigen Entwicklungsstand von zehn Jahren zuschreiben. Es wäre also ein ausgesprochen kluges Kind. Vermag ein achtjähriges Kind aber nur dieselben Aufgaben zu lösen wie ein durchschnittlich intelligentes sechsjähriges, würde man seinen IQ bei 75 ansetzen und seinen geistigen Entwicklungsstand bei sechs Jahren.

Im großen und ganzen erwies sich der Intelligenztest damals als brauchbar, und er ist es heute noch. Der gemessene geistige Entwicklungsstand erreicht sein Maximum im

Alter von 16 Jahren. Über die Zeit hinweg bleibt der IQ eines Menschen weitgehend gleich, so daß jemand, der mit acht Jahren einen IQ von 125 erreicht, auch mit 18 einen ähnlichen IQ haben dürfte. Er würde dann wahrscheinlich gut an der Universität zurechtkommen, während ein Student mit einem IQ von 100 einige Schwierigkeiten hätte und jemand mit einem IQ von 85 die Anforderungen wohl überhaupt nicht bewältigen könnte. Dieser oft direkt beobachtbare Zusammenhang zwischen Intelligenztest-Leistung und geistigen Leistungen im Alltag hat Psychologen zu der pragmatischen Definition veranlaßt, Intelligenz sei ganz einfach das, was ein Intelligenztest mißt, und nichts sonst. Daran ist durchaus etwas Wahres, aber dennoch erlaubt der IQ eine recht verläßliche Vorhersage dessen, wie jemand mit verschiedenen Aspekten des Lebens zurechtkommen wird. Wenn ich also von Intelligenz spreche, nehme ich damit Bezug auf den Intelligenzquotienten, den man aus Intelligenztests ableitet.

Binet erkannte schon damals, daß die solcherart gemessene Intelligenz keine einheitliche, unterschiedslose Funktion ist, und er unterschied zwischen »verbaler« und »Wahrnehmungs-Intelligenz«. Diese Begriffe leiten sich aus den entsprechenden Aufgaben ab, die zum einen mit sprachlichen Mitteln dargestellt und gelöst werden, zum anderen in visueller Form präsentiert sind und räumliches Denken erfordern. Im großen und ganzen aber schneiden Menschen, deren sprachliches Denkvermögen gut entwickelt ist, auch bei visuell-räumlichen Aufgabenstellungen recht gut ab. Es gibt drei klassische grundlegende Schriften zum Wesen der Intelligenz, und die später aufgestellten Theorien leiten sich mehr oder weniger weitgehend aus ihnen ab. Charles Spearman vertrat in dem 1904 erschienenen Artikel »General intelligence objectively determined and measu-

red« (Die objektive Bestimmung und Messung der allgemeinen Intelligenz) die Auffassung, daß es tatsächlich einen
allgemeinen Faktor der Intelligenz gibt, und nannte ihn
»g«. Er stellte aber auch fest, daß einige geistige Funktionen
weitgehend von »g« abhängig waren, andere dagegen nur
teilweise, und daß manche Fähigkeiten auch überhaupt keinen Zusammenhang mit der allgemeinen Intelligenz auf-
wiesen. Dieser »Zwei-Faktoren-Theorie« zufolge gibt es also
einen Generalfaktor »g«, der in jeweils unterschiedlichem
Maße an verschiedenen geistigen Leistungen beteiligt ist,
und einen spezifischen Faktor »s«, auf dem bestimmte Teil-
fähigkeiten (etwa mathematische oder rechnerische) beruhen.

In den dreißiger Jahren stellte Louis Leon Thurstone ein
Konzept vor, das »Gruppenfaktoren« der Intelligenz wie
Wahrnehmungstempo, Rechengewandtheit, Wortflüssig-
keit und –verständnis, räumliches Vorstellungsvermögen,
Gedächtnisleistung und allgemeine Denkfähigkeit umfaßte. Auch bei Thurstone blieb aber der allgemeine Faktor der
Intelligenz der beste Anhaltspunkt, wenn es darum ging,
den Effizienzgrad zu bestimmen, mit dem diese Gruppenfaktoren arbeiteten. In den späten vierziger und frühen
fünfziger Jahren bestritt dann Godfrey Thomson in seiner
»anarchischen« Theorie, daß so etwas wie eine allgemeine
Intelligenz überhaupt existiere. Er ging davon aus, daß es
nur Bereiche von gesonderten geistigen Funktionen gibt,
die alle mit einem je eigenen Potential ausgestattet sind, aus
dem sich dann bereichsspezifisches intelligentes Verhalten
entwickeln kann. Seiner Ansicht nach beruhte der Eindruck, es gebe so etwas wie eine allgemeine Intelligenz, einfach darauf, daß voneinander unabhängige mentale Prozesse sich derselben Nervenbahnen bedienen.

Alle drei genannten Theorien wurden im Laufe der Zeit

erweitert, revidiert, verfeinert und ausdifferenziert. Wie ich gesagt habe, bauen auch die meisten heutigen Darstellungen zur Intelligenz im wesentlichen auf der einen oder anderen der soeben geschilderten Grundvorstellungen auf, so daß es für unsere Zwecke hier nicht erforderlich ist, näher auf sie einzugehen.

Mit dem Wesen und der Bedeutung der Intelligenzleistungen von Savants hat sich Leon Miller befaßt, und sein Buch über musikalisch begabte Savants ist eines der frühesten und besten. Bei seiner Sichtung der verfügbaren Daten gelangte er zu dem Schluß, daß die Hälfte aller Savants, die jemals untersucht worden sind, in Intelligenztests einen IQ von unter 75 erreichte, also unterhalb des als normal betrachteten Durchschnittsbereiches lag, während die andere Hälfte sich zumindest in einigen Untertests im unteren Normalbereich bewegte. Wie herausragend aber die Leistungen eines Savant auf seinem Spezialgebiet waren, hing nicht mit seinem sonstigen Intelligenzniveau zusammen. Diese Unabhängigkeit einer Begabung von der Gesamtintelligenz scheint im künstlerischen und musikalischen Bereich ausgeprägter zu sein als bei rechnerischen und sprachlichen Fähigkeiten. Dies ist aber nicht allzu verwunderlich, weil Ähnliches auch für Nichtbehinderte zu gelten scheint. So erzielten in einer klassischen Studie die Mathematikstudenten einer US-amerikanischen Universität die höchsten IQs, während das Intelligenzniveau der Kunststudenten niedriger war. (Ich bin mir nicht ganz sicher, ob ich hier wirklich erwähnen sollte, daß auch Psychologiestudenten, im Vergleich mit Studenten anderer wissenschaftlicher Fächer, in Intelligenztests relativ niedrige Werte erreichten.)

In diesem Zusammenhang ist nun bedeutsam, daß die meisten Savants autistisch sind und daß man bei ihnen charakteristischerweise »Inseln der Intelligenz« findet. Ihre

Intelligenztest-Profile sind unregelmäßiger als bei anderen geistig Behinderten. Außerdem schneiden Autisten ohne Spezialbegabung oft in denselben Untertests gut ab, in denen Savants ihre Höchstwerte erzielen. Der Schluß scheint also nahezuliegen, daß bei den Intelligenztest-Ergebnissen von Savants eben die kognitiven Teilfunktionen in den Vordergrund treten, die eng mit dem Autismus verknüpft sind. Außerdem sollten wir nicht vergessen, daß auch zwischen nichtbehinderten Begabten Intelligenzunterschiede existieren. Manche Maler oder Musiker mögen zwar über eine höhere Gesamtintelligenz verfügen als andere, doch hat diese nicht notwendigerweise Einfluß darauf, wie herausragend ihre Leistungen in dem modularen, speziellen Teilbereich ausfallen, in dem ihre Begabung liegt.

Unter den jüngeren Theorien, die das Wesen der Intelligenz im Hinblick auf die Savant-Begabungen zu erklären versuchen, ist die von J. A. Fodor in seinem Buch *The Modularity of Mind* vorgestellte die einflußreichste und für uns bedeutsamste. Fodor greift Spearmans Konzept auf und sagt, das Denken werde durch zwei Arten von Strukturen bestimmt, die er die »modulare« und die »zentrale« Struktur nennt. Module beziehen ihre je eigenen Informationen aus den verschiedenen Sinnen, also aus dem Sehen, Hören, Tasten usw. Diese in den Sinnen gründenden Systeme sind modular, insofern sie alle bereichsspezifisch, schnell, eigenständig und in sich geschlossen sind. Die Module tauschen keine Informationen untereinander aus, sondern leiten sie an ein zentrales System weiter, das übergreifend und interaktiv ist, Schlußfolgerungen zieht und die aus den Modulen empfangenen Informationen sowohl ineinander integriert als auch deutet. Das zentrale System bildet auch Begriffe, ermöglicht abstraktes Denken und unterscheidet sich nicht allzu sehr von Spearmans allgemeiner Intelligenz. So weit, so gut. Fodor behauptet aber auch, die Sprachfunktion sei ebenfalls ein eigenständiges und in sich geschlossenes Modul, und diese These ist schlicht und einfach unhaltbar. Natürlich trifft es zu, daß Sprache auch in den Sinnen gründet, doch damit ist ihr Wesen längst nicht erklärt. Darüber hinaus ist sie zweifellos auch ein zentraler Prozeß, denn sie umfaßt Informations-, Kontext- und Kommunikationsfunktionen. Der Linguistikprofessor Neil Smith und seine Kollegin Maria Tsimpli nannten die Sprache deshalb ein »Quasi-Modul«. O'Connor und ich vertraten in bezug auf bereichsspezifische Begabungen einen ähnlichen Standpunkt. Zum Beispiel ist eine künstlerische, musikalische oder mathematische Spezialbegabung meist ebenso in sich geschlossen wie Fodors Module, umfaßt aber auch eigene Aspekte einer zentralen Verarbeitung. Besonders bei Menschen mit einem allgemeinen geistigen Defizit oder einer geistigen Behinderung bleiben die kognitiven Operationen, die mit einer Spezialbegabung verknüpft sind, auf deren Bereich eingegrenzt. Wir können demnach Savant-Begabungen als »quasi-modular« in dem Sinne betrachten, daß sie zwar durch die Verarbeitung von Sinneswahrnehmungen umschrieben sind, aber auch andere kognitive Prozesse einbeziehen.

Mit den Studien, von denen ich berichten werde, wollten wir herausfinden, ob die Spezialbegabungen von Savants verknüpft sind mit Aspekten der kognitiven Merkmale, die für den Autismus kennzeichnend sind. Wirkt sich der für autistische Menschen typische kognitive Stil auf bestimmte qualitative Aspekte der Begabungen aus, und hat er Einfluß auf die Vorgehensweisen und Strategien, die die Entwicklung und Ausgestaltung der Begabungen prägen? Um derartige Fragen beantworten zu können, muß man Savants nicht nur mit Menschen vergleichen, die auf demselben geistigen Entwicklungsstand stehen, ohne besondere Talente zu haben, sondern auch mit nichtbehinderten Menschen, die über ähnliche Spezialbegabungen wie die Savants verfügen. Wir haben bei unseren Studien daher, soweit es sinnvoll war, entsprechende Kontrollgruppen mit einbezogen. Auf diese Weise war es uns möglich, diejenigen begabungsrelevanten geistigen Merkmale zu isolieren, die Savants und ähnlich begabten nichtbehinderten Menschen gemeinsam sind. Außerdem führten wir auch Einzelfallstudien durch, um die grundlegenden Strategien zu analysieren, die ein Savant auf dem Gebiet seiner Hochbegabung einsetzt. Wer tiefschürfende Erkenntnisse über das große Geheimnis sucht, das im Phänomen der Savants liegt, dem mag unser Vorgehen recht banal und prosaisch erscheinen. Doch wie schon andere vor mir möchte ich feststellen: Wenn Wissenschaftler vor einem komplexen Rätsel stehen und es lösen wollen, wenden sie sich nicht an Gott, sondern gehen ins Labor. Ich hoffe, die Leserinnen und Leser sind bereit, mich auf diesem Weg zu begleiten.

# Kapitel 3: Autismus und Spezialbegabungen

Im Jahre 1943 veröffentlichte der Psychiater Leo Kanner einen Aufsatz über eine »autistische Störung«, die er bei einigen von ihm behandelten Kindern beobachtet hatte. Ich muß hier nun näher auf das Syndrom des Autismus eingehen, weil die meisten Menschen, die trotz anderweitiger geistiger Behinderungen über eine herausragende Spezialbegabung verfügen, als autistisch diagnostiziert werden. Weil dies ein viel selteneres Störungsbild ist als eine allgemeine geistige Behinderung, werden wir der Frage nachgehen müssen, was die möglichen Gründe dafür sein könnten, daß Autisten in der Gruppe der Savants am stärksten vertreten sind.

Das griechische Wort *autós* bedeutet »selbst«. Kanner hielt die Unfähigkeit, aus sich selbst herauszutreten und mit anderen Menschen in engen emotionalen Kontakt zu treten, für das zentrale Symptom des Autismus. Daß autistische Kinder nicht auf andere Menschen ansprechen, wird schon sehr früh deutlich. Als Babys strecken sie beispielsweise nicht die Arme aus, damit man sie hochnimmt, und verharren in einer starren Körperhaltung, wenn man sie an sich drückt. Sie reagieren nicht, wenn man sie anlächelt, und von etwas älteren autistischen Kindern sagte Kanner: »Sie behandelten Menschen, als ob diese Dinge wären.« Es kann zum Beispiel sein, daß ein autistisches Kind über ein anderes, am Boden krabbelndes Kind hinwegklettert, als sei es ein unbelebter Gegenstand.

Die Ursachen dieser Beziehungslosigkeit werden von Psychologen recht unterschiedlich interpretiert. Manche sprechen von der kognitiven Unfähigkeit, eine sogenannte »Theorie der psychischen Welt« oder eine »intuitive Psychologie« [theory of mind] aufzubauen. Dem sich normal entwickelnden Kind wird im Laufe der Zeit bewußt, daß andere Menschen ihre eigenen Gedanken, Ansichten und Empfindungen haben, die sich nicht immer mit den seinen decken. Autistische Kinder dagegen sind viel weniger in der Lage als andere, sich zu erschließen, was in anderen vorgeht. Andere Psychologen sehen den Grund für die »autistische Isolation«, von der Kanner spricht, in einer nicht so sehr kognitiv als vielmehr emotional begründeten Beziehungsstörung, die im Kontrast zu der geradezu instinktiven Empfänglichkeit für sozialen Kontakt steht, wie sie beim sich normal entwickelnden Kind zu beobachten ist. Laut David Hume, dem empiristischen Philosophen des achtzehnten Jahrhunderts, hat jeder gesunde Mensch von Natur aus ein Gespür für die Empfindungen und Anschauungen anderer, das aber von seiner Vernunft unabhängig ist. Ob zwischenmenschliches Verhalten nun in erster Linie Ausdruck von Gedanken oder von Gefühlen ist, dürfte eine etwas müßige Frage sein, denn zwischen den beiden Systemen gibt es sicherlich Wechselwirkungen.

Kanner wies auch auf andere Symptome des Autismus hin, etwa auf ein »zwanghaftes Bedürfnis nach Eintönigkeit«, das dazu führt, daß ein Kind auf festgefügten, stereotypen Routineabläufen und einer unveränderlichen Umgebung beharrt. So berichtete die Mutter eines autistischen Jungen, wie er derart außer sich geriet, nachdem sie neue Messer und Gabeln gekauft hatte, daß sie sich gezwungen sah, die alten wieder in die Schubladen zurückzulegen. Das Bedürfnis nach Eintönigkeit und Berechenbarkeit kann höchst extreme Formen annehmen. Bei einem Jungen, mit dem ich einmal zu tun hatte, ging das so weit, daß er unbedingt nur in dieselbe Richtung weitergehen wollte, in die er auch losgegangen war. Als seine Mutter Anstalten machte, in eine Seitenstraße einzubiegen, warf er sich kreischend auf dem Bürgersteig zu Boden und weigerte sich, mit ihr weiterzugehen.

Autistischen Menschen erscheint das Geflecht des Lebens, das in allen seinen Aspekten in stetem Wandel begriffen ist, als ein undurchschaubares Chaos, das sich ihrer Kontrolle entzieht und wenig Sinn ergibt. Die Folge ist oft, daß sie Rituale entwickeln, die beruhigend auf sie wirken. Auch bei vielen normalen Kindern kann man gelegentlich ähnliche, aber weit weniger ausgeprägte Verhaltensweisen beobachten. Ich weiß noch, wie ich eine Zeitlang den Zwang verspürte, jeden zweiten Laternenpfahl zu berühren, weil mir das Glück bringen sollte. Wie Christopher Robin, der Gefährte von Winnie-the-Pooh, gab ich acht, daß ich nie auf die Fugen zwischen den Gehwegplatten trat, sondern sprang von Platte zu Platte, damit nicht die kleinen Bären, die um die Straßenecken warteten, über mich herfielen. Das war aber nur ein Spiel für mich, und tief drinnen wußte ich, daß die Magie, die ich mit solchen Spielen verband, nicht wirklich, sondern ein Produkt meiner Phantasie war. Autistischen Kindern dagegen, denen nicht allzu viel real erscheint und für die ohnehin kaum etwas einen Sinn ergibt, kann es tatsächlich so vorkommen, als würde etwas Unberechenbares und Furchterregendes auf sie lauern, das sie nur mit Ritualen und monotonen Routineabläufen in Schach halten können.

Wie Kanner feststellte, geht bei Autisten das Beharren auf Eintönigkeit mit einer starken Einengung des Interessenspektrums einher. Manche autistischen Kinder sind wie besessen von Telefonnummern und fragen in einem fort nach ihnen. Andere sind fasziniert von Zugfahrplänen, wissen die Namen aller Könige und Königinnen von England oder kennen die Flaggen und Währungen von sämtlichen Ländern der Erde. Wenn sie eine natürliche Begabung für Zahlen, Musik oder das Zeichnen mitbringen, wird ihr Interesse sich ganz von selbst auf den jeweiligen Bereich konzentrieren, und sie bleiben mit Eifer bei der Sache, wenn es um Aktivitäten geht, die mit ihrer Spezialbegabung zusammenhängen. Wie ich bereits sagte, haben wir alle Freude an solchen Tätigkeiten, die uns besonders liegen. Wir widmen uns ihnen möglichst oft, so daß wir sogar noch besser darin werden, ohne uns besonders anstrengen zu müssen. Die Leichtigkeit eines solchen mühelosen und raschen Lernens gilt als eines der Kennzeichen wahren Talents. Ein autistisches Kind, das sehr wenige Dinge gut kann, es aber in einem bestimmten Bereich weit zu bringen vermag, wird sich natürlich noch mehr als ein Kind, dessen Entwicklung normal verläuft und das sich auf vielerlei Arten die Zeit vertreiben kann, zu Beschäftigungen hingezogen fühlen, die mit dem isolierten Bereich seiner Begabung zu tun haben.

Ein von Kanner beschriebenes Merkmal autistischer Kinder ist ihr ausgezeichnetes Gedächtnis, das auf den ersten Blick nicht mit den allgemeinen Lernschwierigkeiten zusammenpassen will, die sie oft haben. Besonders gut ist ihr Erinnerungsvermögen, wenn es um Elemente geht, zwischen denen keine Beziehung erkennbar ist. Darauf werden ich zurückkommen, wenn ich mich der Frage widme, worin das Wesen der Talente von autistischen Savants besteht. Kanner beobachtete auch sprachliche Defizite. Manche der autistischen Kinder lernen überhaupt nicht sprechen, und die übrigen fangen erst spät damit an. Das Sprachverständnis der letzteren bleibt äußerst stark im Konkreten und Wortwörtlichen verhaftet, so daß sie Witze und Ironie nicht verstehen und mit übertragenen Bedeutungen nichts anfangen können. Eine Kollegin erzählte mir von einem recht intelligenten autistischen Jungen, den sie schluchzen sah, während er in der Schlange vor der Essensausgabe seiner Sonderschule wartete. Auf die Frage hin, was denn los sei, zeigte er auf die an einer Tafel angeschriebene Speisekarte, auf der »Marmorkuchen« stand, und sagte bekümmert: »Das kann ich nicht essen, Marmor ist doch viel zu hart.«

Bald nachdem Kanners erste Abhandlung über den Autismus erschienen war, veröffentlichte der österreichische Kinderarzt Hans Asperger seine unabhängig entstandene Beschreibung eines offenbar ganz ähnlichen Syndroms. Wie Kanner hielt er die Unfähigkeit, zu anderen Menschen in Beziehung zu treten, für ein zentrales Wesensmerkmal des Autismus. Doch obwohl er noch weitere Symptome anführte, die den von Kanner beschriebenen sehr ähnlich waren, unterschied sich seine Untersuchungsstichprobe von der Kanners in charakteristischen und wichtigen Aspekten. Zu Aspergers Patienten gehörten auch Kinder, die recht intelligent waren und insbesondere über gute sprachliche Fähigkeiten verfügten. Er berichtet sogar, daß manche seiner Patienten eine außergewöhnliche Freiheit und Originalität im Umgang mit der Sprache zeigten. Er ging so weit, ihnen eine »besonders gute Abstraktionsfähigkeit« zu bescheinigen, und seiner Ansicht nach erbrachten sie ihre besten Leistungen, wenn man ihnen die Möglichkeit gab, sich spontan zu verhalten. Sie hatten aber dennoch große Schwierigkeiten in alltäglichen Situationen und mit zwischenmenschlichen Begegnungen. In der Psychiatrie unterscheidet man heute zwischen dem klassischen »Kanner-

Autismus« und dem »Asperger-Syndrom«. Man spricht von »Störungen des autistischen Spektrums«. Innerhalb dieses Spektrums können Patienten verschiedene Symptome in unterschiedlichen Kombinationen und Schweregraden aufweisen.

Eine anschauliche Beschreibung der Ähnlichkeiten, die auf der Ebene des Erlebens zwischen Asperger- und Kanner-Syndrom bestehen, stammt von Therese Jolliffe, einer außerordentlich intelligenten Frau, die unter sämtlichen Symptomen des Autismus leidet. Sie hat in Psychologie promoviert, war an einer führenden Universität in der Forschung tätig und studiert jetzt Medizin. Sie schreibt, daß sie als kleines Mädchen, wenn ihre Eltern oder ihr Bruder nicht da waren, nie an sie dachte oder sie vermißte. Ihr war nicht bewußt, daß Eltern und Bruder für sie eigentlich eine viel größere Wichtigkeit und eine ganz andere Bedeutung als irgendwelche Dinge hätten haben sollen. Sie erinnert sich daran, wie sehr es ihr gefiel, Schachteln oder die Türen ihrer Spielzeugautos wieder und wieder zu öffnen und zu schließen, und wie sie die Räder der Autos drehte und drehte und diese Bewegung fasziniert betrachtete. Vielen autistischen Kindern macht es Freude, Dinge zu drehen oder kreisen zu lassen, und wie Therese sind sie von manchem, was sie sehen und hören, völlig gebannt, während anderes ihnen Angst macht. Therese ordnete auch gern ihre Spielsachen in langen Reihen an. Sie spielte aber nicht in der Weise mit ihnen, daß sie so tat, als wären sie reale Lebewesen und Dinge. Dieses Fehlen des »symbolischen Spiels« ist für autistische Kinder typisch.

Therese berichtet, ihr falle es selbst heute noch schwer, anderen ins Gesicht und insbesondere in die Augen zu schauen. Sie meint, autistische Menschen würden sich nicht so sehr von der Realität zurückziehen, sondern vielmehr nie

richtig begreifen, was die Realität überhaupt ist. Für sie gebe
es nichts, von dem sie sich zurückziehen könne, denn die
Realität sei ein verwirrendes Wirrwarr aus Ereignissen, Menschen, Gegenständen, Orten und optischen und akusti-
schen Eindrücken, in dem es keine klaren Grenzlinien gebe.
Was immer sie auch wahrnehme und erlebe, ergebe nur
wenig Sinn für sie, und deshalb würden ihr festgefügte Rou-
tineabläufe, Rituale und Wiederholungen helfen, in eine
ansonsten erschreckend chaotische Welt Ordnung hinein-
zubringen. Ihre klugen Beobachtungen liefern eine Bestätigung sowohl für Kanners erste Beschreibung des Autismus
als auch für die Beobachtungen Aspergers, der bei seinen
Patienten eine hohe Intelligenz und ausgeprägte Sprachbegabung feststellte.

Im Rahmen unserer Arbeit für den Medical Research
Council begannen Neil O'Connor und ich 1963 mit den
ersten experimentellen Langzeituntersuchungen zu Denken und Sprachgebrauch autistischer Kinder. Als wir uns an
dieses Projekt machten, gab es zwar eine Reihe von interessanten Falldarstellungen zum Autismus, doch es lagen
noch so gut wie keine forschungsmethodisch kontrollierten
Studien vor. Niemand hatte beispielsweise versucht zu
ermitteln, welche der bei Autisten beobachteten Verhaltensmerkmale auf eine Intelligenzminderung zurückzuführen
waren und bei welchen es sich um spezifisch autistische
Phänomene handelte. Außerdem gab es Anhaltspunkte
dafür, daß Autisten bei manchen Aufgabenstellungen sogar
besser abschnitten als andere Kinder mit vergleichbarer Allgemeinintelligenz. Wir begannen also, in unsere Studien
nicht-autistische Kontrollgruppen einzubeziehen, deren
Teilnehmer wir so auswählten, daß jeder in seinem IQ mit
einem der autistischen Teilnehmer vergleichbar war. In
anderen Experimenten bestand die Kontrollgruppe aus

nichtbehinderten Kindern, die beträchtlich jünger als die autistischen Kinder waren, aber bereits einen ähnlichen geistigen Entwicklungsstand erreicht hatten wie die älteren, weniger intelligenten autistischen Kinder. Im Jahr 1970 erschien unser Buch *Psychological Experiments with Autistic Children*. Weil einige der darin berichteten Untersuchungen für unsere Zwecke hier von Bedeutung sind, möchte ich kurz auf sie eingehen.

In einem Experiment verglichen wir autistische und nicht-autistische Kinder mit ähnlichen IQs in ihrer Fähigkeit, sich an Wörter zu erinnern. Bei einigen der Durchgänge waren die Wörter in zufälliger Reihenfolge aneinandergehängt, bei anderen ergaben sie einen sinnvollen Satz. Ein Beispiel für die erste Art von Sequenz wäre die Reihung »trinken, Kirche, Wolke, grün, rennen«. Unter der anderen Versuchsbedingung dagegen sollten die Probanden sich an ebenso viele Wörter erinnern, die aber zusammen einen sinnvollen Satz bildeten, zum Beispiel »fahre jetzt im Auto fort«. Die Gesamthäufigkeit der jeweiligen Wörter war bei beiden Aufgabenstellungen identisch. Wir stellten fest, daß zwar alle Kinder sich an Sätze besser erinnern konnten als an zufällige Wortreihen, daß aber dieser Unterschied bei den nicht-autistischen Kindern deutlicher ausgeprägt war. Das heißt, die Gedächtnisleistungen der autistischen Kinder unter beiden Bedingungen waren einander viel ähnlicher als die der Kinder, die nicht-autistisch und auf dem gleichen geistigen Entwicklungsstand waren.

Die verschiedenen Arten von Wortreihen in dieser frühen Studie unterschieden sich in zwei Aspekten. Erstens ergaben die einen Wortreihen einen Sinn, die anderen aber nicht. Zweitens hatte nur die eine Art von Wortreihen eine grammatische Struktur, ergab also Sätze. Wir mußten uns somit die Frage stellen, ob es nun das Fehlen von Sinnzusammenhängen oder das Fehlen einer syntaktischen Struktur war, das für die autistischen Kinder offenbar weniger ins Gewicht fiel als für die anderen Kinder.

Um die beiden Variablen auseinanderhalten zu können, führten wir zwei weitere Studien durch. In der einen untersuchten wir, ob die Probanden sich an sinnvolle Sätze besser erinnern konnten als an sinnlose. Beispiele für die beiden Satztypen sind: »Nette Kinder spielen fröhlich« und »Sanfte Rahmen essen wütend«. Ein bedeutsamer Unterschied zwischen den beiden Satztypen ergab sich nur bei den nicht-autistischen Probanden. Sie konnten sich, im Gegensatz zu den Autisten, an die Nonsens-Sätze viel schlechter erinnern als an die sinnvollen Sätze. In der zweiten Studie machten wir uns ein Merkmal von normalen Gedächtnisvorgängen zunutze, das sogenannte »Bilden von Begriffskategorien«. Wenn nicht-autistische Menschen eine Wortreihe wie »weiß, grün, fünf, blau, schwarz, acht, zwei« hören, sind sie gewöhnlich nach kurzer Zeit nicht mehr in der Lage, sich an alle diese Wörter zu erinnern, und sie wissen auch die Reihenfolge nicht mehr, in der sie sie gehört haben. Deshalb antworten sie etwas wie »zwei, fünf, weiß, schwarz, grün«. In ihrem Gedächtnis haben sie die Wörter nach den Begriffskategorien Zahl und Farbe gruppiert. Sie nennen möglicherweise auch Zahlen oder Farben, von denen gar nicht die Rede war. Genau so antworteten auch die nicht-autistischen Kinder in unserer Studie. Bei den autistischen Kindern dagegen war kein solcher Gruppierungs-Effekt erkennbar, und sie machten auch keine Fehler der Art, daß sie Begriffe zu einer Kategorie hinzufügten, die gar nicht genannt worden waren. Sie wiederholten die Wörter in der exakten Reihenfolge, in der sie sie gehört hatten.

Der große britische Psychologe Frederick Bartlett hat gezeigt, daß wir dazu neigen, von Dingen und Ereignissen nur einen allgemeinen Eindruck im Gedächtnis zu behalten. Später nehmen wir ihn dann zum Ausgangspunkt, um uns zu erschließen, wie das wohl im Detail gewesen sein dürfte – wobei wir oft Fehler machen. Wir zielen auf die »Essenz« des Ganzen, während Autisten auf so etwas in der Regel gar nicht achten. Die Ergebnisse unserer Experimente zum Kurzzeitgedächtnis von Autisten deuteten darauf hin, daß bei ihnen vor allem die Bedeutungsaspekte der Sprachverarbeitung beeinträchtigt sind.

Wir folgerten daraus, daß das Unvermögen, Reize entsprechend ihren Bedeutungsaspekten zu verarbeiten, eine grundlegende Schwachstelle der autistischen Kognition ist. Da das geistige Entwicklungsniveau der zwei Gruppen in unseren Studien jeweils dasselbe war, beruht dieses Defizit offenbar in erster Linie auf Autismus und nicht auf einem Intelligenzmangel. Andere haben in späteren Untersuchungen unsere Befunde bestätigt und weiter ausdifferenziert. Unsere Kollegin Uta Frith kam in einer Reihe von wichtigen Studien zu dem Schluß, daß eine »schwache zentrale Kohärenz« ein grundlegendes kognitives Merkmal von Autisten ist. Wie bereits erwähnt, ist mit dem Begriff gemeint, daß Autisten die Tendenz haben, ihre Aufmerksamkeit nicht auf das Integrieren von Wahrnehmung, Kognition und Gedächtnis zu richten, sondern auf Teilinformationen und Einzelheiten. Man kann also sagen, daß Autisten oft »den Wald vor lauter Bäumen nicht sehen«.

Daß Menschen in der Regel dazu neigen, ein Objekt nicht so sehr in seinen Bestandteilen, sondern als Ganzes wahrzunehmen, haben als erste die deutschen Gestaltpsychologen aufgezeigt. Sie wiesen nach, daß wir unsere Aufmerksamkeit nicht so sehr auf Teile und Einzelheiten richten, sondern gleich zusammenhängende ganze Gestalten erkennen. Selbst bei einfachen Formen wie etwa einem Quadrat verlangt es uns eine Anstrengung ab, nicht eine geschlossene Gestalt zu sehen, sondern vier gesonderte Linien zu unterscheiden, die alle im rechten Winkel zueinander stehen. Amita Shah und Uta Frith stellten fest, daß es Autisten leichter fiel als nicht-autistischen Versuchspersonen, dem Drang zur ganzheitlichen Informationsverarbeitung zu wiederstehen. In einer raffiniert konzipierten Studie setzten sie eine Variante des »Mosaiktests« ein, bei dem man zuvor wiederholt beobachtet hatte, daß Autisten besser als erwartet abschnitten. Die Aufgabe besteht darin, das auf einem Bild zu sehende Gesamtmuster mit einzelnen Klötzen nachzulegen, so daß jeder Klotz ein Fragment des Ganzen wiedergibt. Die Muster wurden in der Studie auf zweierlei Arten präsentiert.

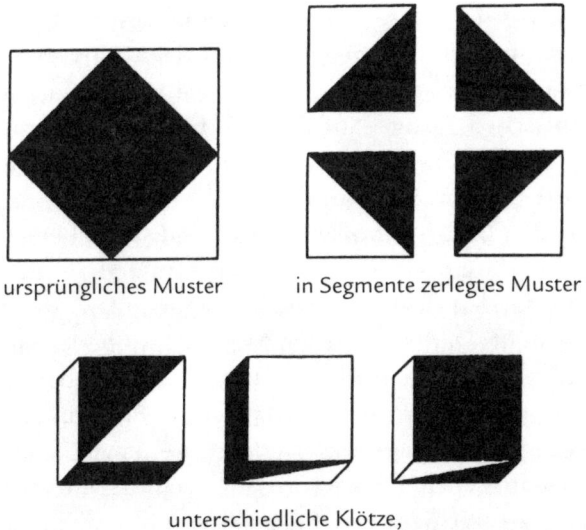

ursprüngliches Muster　　　in Segmente zerlegtes Muster

unterschiedliche Klötze,
die zum Nachlegen des Musters zur Verfügung stehen

*Abbildung 3.1 Mosaiktest*

Während die Vorlage unter der ersten Versuchsbedingung eine Gesamtgestalt zeigt, ist diese unter der zweiten Versuchsbedingung bereits »segmentiert« und in ihre Bestandteile zerlegt. Die Autisten waren deutlich besser und schneller darin, mit Hilfe der Klötze die nicht-segmentierte Vorlage nachzubauen. Bei der bereits in Segmente zerlegten Vorlage dagegen hatten sie der Kontrollgruppe nichts voraus. Shah und Frith zogen aus diesen und ähnlichen Untersuchungsergebnissen den Schluß, daß die Leichtigkeit, mit der Autisten Ganzheiten in ihre Bestandteile zergliedern können, Folge einer »schwachen zentralen Kohärenz« ist.

Francesca Happé hat ausgehend von den Befunden zum Mosaiktest und von damit zusammenhängenden Forschungsergebnissen die These aufgestellt, daß eine schwache zentrale Kohärenz nicht so sehr als ein Defizit, sondern als ein eigener kognitiver Stil aufzufassen ist. Dieser für Autisten typische Stil zeige sich auf der Wahrnehmungs-, der visuell-räumlich-konstruktiven wie auch auf der verbal-semantischen Ebene. Auf der Wahrnehmungsebene zum Beispiel seien Autisten besser in der Lage, Formen zu erkennen, die in einer Zeichnung versteckt und von einer übergreifenden Bildstruktur überlagert sind. Sie scheinen sich dabei auf die einzelnen Teile der Struktur zu konzentrieren anstatt auf den Gesamteindruck, der für andere im Vordergrund steht. Daß Autisten im Mosaiktest überlegene konstruktive Fähigkeiten erkennen lassen, habe ich bereits ausgeführt, und eine Untersuchung von Uta Frith und Maggie Snowling belegt in eindrucksvoller Weise, daß man auch auf der semantischen Ebene von einer schwachen zentralen Kohärenz sprechen kann. Sie stellten fest, daß autistische Kinder, wenn sie Sätze mit Wörtern vorlasen, die gleich geschrieben werden, aber je nach Bedeutung eigentlich unterschiedlich auszusprechen sind, den Kontext nicht berücksichtigten. Sie lasen beispielsweise das Wort »tear« in dem Satz »She had a big *tear* in her dress« (In ihrem Kleid war ein großer Riß – *tear* wäre hier mit einem e-Laut auszusprechen), als ginge es um eine Träne wie etwa in dem Satz »She had a big *tear* in her eye« (In ihrem Auge stand eine große Träne – *tear* mit einem i-Laut).

Auch eine von Happé berichtete Anekdote veranschaulicht, wie die schwache zentrale Kohärenz auf der semantischen Ebene zutage tritt. Sie führte bei einem autistischen Kind einen Test durch, der die Fähigkeit zum Benennen von Objekten prüfte. Als das Kind ein Bild von einem Bett beschreiben sollte, sagte es ganz richtig: »Das ist eine Decke, und das ist ein Bettuch.« »Und was ist das?« fragte Happé und deutete auf die Darstellung eines Kissens mit Rüschen. »Das ist ein Stückchen Ravioli«, war die Antwort. Dies war zweifellos eine Reaktion, die nicht zum Kontext passen wollte. Freilich vermuten einige Psychologen, die das Phänomen »Kreativität« erforschen, daß in einem solchen »feldunabhängigen« und »divergenten Denken« (also im Bilden von ungewöhnlichen und unerwarteten Assoziationen) ein auf originelle Weise arbeitender Verstand zum Vorschein kommt. Asperger hätte dem zugestimmt und die weit hergeholte Assoziation, daß auf einem Bett ein Stück Ravioli liegt, als Hinweis auf »spontanes Denken« gedeutet, also auf ein Denken, das nicht durch die Grenzen von Konvention und Kontext eingeengt ist. Zwar sollte man »Kreativität« besser nicht als einen rein mentalen Vorgang auffassen, sondern als eine Fähigkeit, »etwas hervorzubringen oder zu tun«. Könnte aber die Idee, daß das autistische Wahrnehmen und Denken »feldunabhängig« ist, nicht zur Erklärung der Tatsache beitragen, daß die meisten Savants Autisten sind?

Mittlerweile werden mehr Kinder als autistisch diagnostiziert als noch vor einiger Zeit, weil verbesserte diagnostische

Instrumente zur Verfügung stehen, weil man eine erweiterte Definition von Störungen des autistischen Spektrums zugrunde legt und weil auch das Asperger-Syndrom einbezogen wird. Dennoch ist Autismus nach wie vor etwas Seltenes. Man muß sich also fragen, warum trotzdem die Mehrheit der geistig oder psychisch Behinderten, die eine überdurchschnittliche Teilbegabung entwickeln, unter irgendeiner Form von Autismus leiden. In einem vor kurzem erschienenen Überblick über die relevante Literatur kommt Leon Miller zu dem Ergebnis, daß zwischen 70 und 80 Prozent der Savants eine entsprechende Diagnose hatten. Von den etwa 50 Savants, die wir selbst untersucht haben, waren zwischen 80 und 90 Prozent Autisten oder litten unter dem Asperger-Syndrom.

Natürlich wäre kein theoretisches Bezugssystem für sich genommen in der Lage, ein derart facettenreiches Phänomen wie die Störungen des autistischen Spektrums zu erklären. Allerdings ist die Theorie der »schwachen zentralen Kohärenz« die einzige zur autistischen Wahrnehmung und Kognition, die nicht nur geistige Defizite berücksichtigt, sondern auch Raum für die Vorstellung läßt, daß ein solcher Stil der Informationsverarbeitung bestimmte Vorteile und Errungenschaften mit sich bringen kann. Die außergewöhnlichen Leistungen begabter Autisten kommen demnach möglicherweise so zustande, daß sie sich zunächst auf Details und Einzelsegmente konzentrieren und mit Hilfe dieser Strategie am Ende fähig sind, in sich stimmige Bilder zu schaffen, zu musizieren, kalendarische Berechnungen anzustellen, Gedichte zu schreiben oder sich Fremdsprachen anzueignen. Diese Hypothese war für Linda Pring und mich der Ausgangspunkt, von dem aus wir dem Wesen der Begabungen von autistischen Savants auf den Grund gehen wollten.

## Kapitel 4: Gedichte

| | |
|---|---|
| *Fragments mend* | *Splitter rücken sich zurecht* |
| *make for* | *fügen sich zum* |
| *genius* | *genialen* |
| *fragmentation* | *Mosaik zusammen* |
| *when normal thinking* | *wo das übliche Denken* |
| *would give up.* | *aufgeben würde.* |
| *The pieces find the resource* | *Die Scherben finden die Kraft* |
| *within* | *drinnen* |
| | |
| *bits of the whole* | *Teile des ganzen* |
| *puzzled jigsaw,* | *rätselhaften Puzzlespiels,* |
| *my self.* | *meines Selbst.[1]* |

Dieses Gedicht stammt von Kate, bei der die Psychiaterin Lorna Wing, eine führende Expertin auf diesem Gebiet, ein Asperger-Syndrom diagnostiziert hat. Beim Asperger-Syndrom sind autistische Symptome vorhanden, doch es bleibt ein relativ hohes kognitives Funktionsniveau gewahrt. Wie schon gesagt, erleben solche Menschen die Welt meist als ein Durcheinander aus zusammenhanglosen Fragmenten. Ich zitierte Therese Jolliffe, die diesen Bewußtseinszustand besser beschrieben hat, als ich das je könnte. Dennoch ver-

---

[1] Die in Abstimmung mit Frau Hermelin entstandenen Gedichtübersetzungen dieses Kapitels sind nicht als Nachdichtungen gemeint, sondern sollen vor allem die englischen Texte nachvollziehen helfen. A. d. Ü.

mag Kate ein solches Durcheinander in ein bedeutsames Ganzes zu verwandeln, indem sie ein Gedicht daraus macht. Kate, eine Frau in den Vierzigern, fing mit dem Gedichteschreiben erst an, als sie schon über zwanzig war. Linda Pring und ich hörten von ihr durch einen Freund und Unterstützer, der sie gut kannte und sie uns folgendermaßen beschrieb:

■ Kate weiß und versteht sehr viel, scheint aber nur in sehr begrenztem Maße in der Lage zu sein, die Welt zu strukturieren. Um ihre Ausdrucksweise zu gebrauchen: Ihr Leben ist wie ein Haufen absonderlich geformter Steine. Alles, was sie aufzubauen versucht, fällt rasch wieder in sich zusammen, während andere Menschen erstaunliche Gebilde zuwege bringen, die ihr oft wie undurchdringliche und bedeutungslose Mauern vorkommen, die sie, Kate, von allen Seiten einschließen. Je mehr Struktur etwas hat, desto weniger Sinn ergibt es für sie; sogar einfache Ursache-Wirkungs-Zusammenhänge erscheinen ihr aber manchmal sehr ungewiß. Große Teile des Lebens werden für sie unberechenbar, wenn sie sich nicht mehr mit ihren erlernten Faustregeln decken, und im Hintergrund lauert stets das Chaos. ■

Eine solche innere Verfassung stützt die Diagnose eines Asperger-Syndroms, wie es in Kapitel 3 beschrieben wurde. Die Diagnose wurde anhand von Kates Antworten in speziellen diagnostischen Tests gestellt. Es bestätigte sich dabei, daß Kate schon von klein auf keine Freunde hatte. Sie hatte Schwierigkeiten, die Empfindungen und Sichtweisen anderer Menschen nachzuvollziehen. Sie nahm keinen Augenkontakt auf und zeigte eine stereotype Sprechweise sowie eine zwanghafte Fixierung auf bestimmte eingegrenzte Themen. Es wurde deutlich, daß manche Geräusche

Streßreaktionen bei ihr auslösten, während sie von anderen fasziniert war. Sie hortete bestimmte Arten von Gegenständen, an denen sie sehr hing, und war darauf aus, ihre Umgebung »eintönig« zu halten.

Ann Dowker von der Universität Oxford hatte, als sie die Gedichte von Kindern analysierte, mit Neil O'Connor kooperiert. Linda Pring und ich baten sie deshalb, mit uns zusammen Kates poetische Begabung zu untersuchen. Bei dem folgenden Bericht waren mir die Kommentare und kritischen Anmerkungen von Adrian Pilkington und sein Buch zur Analyse »poetischer Effekte« eine große Hilfe.

Der deutsche Schriftsteller Matthias Altenburg hat gesagt, daß die Texte eines Autoren immer klüger sein müssen als er selbst. Ein Gedicht entfaltet demnach, ebenso wie ein Bild oder ein Musikstück, eine eigenständige Existenz und verkörpert seine völlig eigenständigen Wahrheiten. Dies gilt natürlich ganz besonders für die Hervorbringungen eines Savant, die weitgehend unabhängig von seinen insgesamt beschränkten geistigen Möglichkeiten zu sein scheinen.

Wir haben den Versuch unternommen, Kates Gedichte mit denen einer anderen Amateurlyrikerin, die wir Emma nennen wollen, zu vergleichen. Bei Kate liegen beträchtliche geistige Handikaps vor, während Emma hochintelligent ist. Beide sind allerdings körperlich beeinträchtigt und leiden unter einer verhältnismäßig leichten Form einer zerebralen Kinderlähmung. Bei Kate führt das zu einer verminderten Handgeschicklichkeit, so daß sie recht linkisch ist. Sie geht unbeholfen und benutzt oft einen Rollstuhl. Auch Emma hat mit dem Gehen einige Probleme und braucht einen Gehstock. Außerdem ist ihr Hörvermögen eingeschränkt. In einem Gedicht über diese Schwierigkeiten schreibt Emma:

*... I am afraid*
*Of many things. Of my anger:*
*have known too long it cannot change*
*those things I would most spend it on.*
*Save it for nothing, and the rest*
*I've learned to hide. So many things;*
*and love the longest fall I fear ...*


*... Ich habe Angst*
*vor vielen Dingen. Vor meiner Wut:*
*weiß zu lange schon, daß sie an den Dingen,*
*auf die ich sie immer am allermeisten richte, nichts*
           *ändern kann.*
*Ich spare sie auf für nichts, und das Übrige*
*habe ich zu verbergen gelernt. So vieles;*
*und liebe den tiefsten Sturz, den ich fürchte ...*

Im Hinblick auf ihr effektives kognitives Funktionsniveau unterscheiden sich unsere zwei Dichterinnen sehr voneinander. Kate besuchte zunächst eine Schule für geistig Behinderte. Als sie später an eine normale Realschule kam, war sie außerstande, sich am Unterricht zu beteiligen oder mit den zwischenmenschlichen Anforderungen zurechtzukommen. Die meiste Zeit saß sie stumm in den hinteren Reihen des Klassenzimmers. Sie spielte nie mit den anderen Kindern und schloß keine Freundschaften. Emma dagegen war in der Schule sehr gut, machte einen Abschluß an einer führenden Universität und erzielte bei einem Test zur sprachlichen Intelligenz den sehr hohen IQ von 133. Als wir Kates sprachliches Denkvermögen zu prüfen versuchten, schien sie die Testfragen gar nicht zu verstehen, und wir konnten keinen verläßlichen IQ ermitteln. Zum Beispiel konnte oder wollte sie nicht sagen, was ein Apfel und eine

Kirsche gemeinsam haben (beide gehören zur Kategorie Obst). Außerdem gab sie bei einem Test zum Verständnis von Wortbedeutungen einige eigentümliche Antworten und sagte, »coil« [Rolle] bedeute etwas wie »retreat« [Rückzug] (vermutlich weil sie »coil« mit »recoil« [zurückweichen] verwechselte) und »pitch« [Wurf; Tonhöhe] bedeute »field« [Feld] (vielleicht weil sie an das Werfen beim Cricket dachte). Wie ich aber weiter oben erwähnte, lassen sich solche ungewöhnlichen Assoziationen nach Ansicht mancher Forscher als ein Zeichen von »Kreativität« auffassen.

Für Gedichte von anderen hat Kate kein Interesse und liest sie auch nicht. Für Ironie, die damit zu tun hat, daß man jemandem bestimmte Gedanken unterstellt, scheint sie keinen Sinn zu haben. Sie versteht weder Witze noch Neckereien, was dazu führt, daß sie andere Menschen oft mißversteht. Sie ist nicht in der Lage, mit den einfachen praktischen Aspekten des Lebens zurechtzukommen, benötigt fortwährend Hilfe und Unterstützung und lebt heute in einer beschützten Wohngruppe. Typische autistische Merkmale bei ihr sind, daß sie als Kind eine stereotype Sprechweise zeigte und sich nur für einige wenige Themen interessierte. Sie hat außerdem eine monotone Stimme und betont Sätze oft recht merkwürdig. Bei Alltagsgesprächen nimmt sie alles Gesagte sehr wörtlich, und ihr mimisches Spektrum ist ziemlich eng. In einem Test zur sozialen Reife erreichte sie die Werte von nichtbehinderten Fünf- bis Achtjährigen. Ihre lebenspraktischen Fertigkeiten entsprechen ungefähr einem Entwicklungsalter von acht Jahren. Und doch schreibt sie Gedichte, die Gedankentiefe und Fähigkeit zur Reflexion offenbaren. Es folgen zwei Gedichte, eines von Kate und eines von Emma, in denen sie jeweils von sich selbst sprechen. Vielleicht möchten Sie raten, wer jeweils die Autorin ist. Hier ist das erste Gedicht:

*my lameness my stumbling*
*are not there to be disregarded*
*take them make them*
*into myself and so see me ...*

*mein Lahmsein mein Stolpern*
*sind nicht geringzuachten*
*nimm sie mach sie*
*zu einem Teil von mir und sieh mich dann an ...*

Und hier ist das zweite:

*Here I give a finger: it's got no hand.*
*I've got a face: I never saw it.*
*I touch a leg: didn't see the rest.*
*Here I be: must have gone somewhere.*
*Gave a daisy: nothing else.*
*Got lost in clothes but not the body.*
*Sent my eyes into what I do.*
*Feet tip-a-toe: quick I was then not.*

*I sat in heaven: the ground went.*
*Sing come in: a sound got shouts.*
*Screaming holes got no edges.*
*I'm a something where fog lingers somewhere.*
*No one comes where I go.*
*I saw death when help came faster.*
*The fish had no water.*

*Hier reiche ich einen Finger: er ist ohne Hand.*
*Ich habe ein Gesicht: gesehen habe ich es nie.*
*Ich berühre ein Bein: habe den Rest nicht gesehen.*
*Hier sei ich: muß irgendwohin gegangen sein.*
*Reichte eine Blume: sonst nichts.*

*Verlor mich in Kleidern, aber nicht im Körper.*
*Richtete die Augen auf mein Tun.*
*Ging auf Zehenspitzen: schnell war ich da nicht.*

*Ich saß im Himmel: der Boden sank weg.*
*Gesang kam: ein Laut wurde Schrei.*
*Brüllende Löcher ohne Rand.*
*Ich bin ein Etwas, in dem irgendwo Nebel festhängt.*
*Wo ich gehe, kommt niemand hin.*
*Ich sah Tod in rascher Hilfe.*
*Der Fisch hatte kein Wasser.*

Die ersten Verse sind von Emma, »The fish had no water« ist von Kate. Ist der Gegensatz zwischen Kates allgemeinem Unvermögen, sich zurechtzufinden (durch das sie oft mißversteht, was andere sagen), und ihrer Fähigkeit, so etwas zu schreiben, nicht seltsam? So ist das Savant-Phänomen: seltsam und widersprüchlich. Hier ist ein weiteres Gedicht von Kate:

*Big strong, white belted cows,*
*I adore looking at you,*
*To put my arm across your bold girth,*
*Working across a wide field together,*
*chewing grass simultaneously like rain*
*on a sunny day with the blue of the sky.*
*They look at you slowly and calmly.*

*Their tongues would caress you as*
*they come near if you sit with them,*
*lying down in the heat of the day,*
*eyes looking at you in curiosity,*
*all together knowingly belong.*

*Große starke weißumgürtete Kühe,*
*ich liebe es, euch zuzusehen,*
*den Arm um eure starke Mitte zu legen,*
*wenn ihr über eine große Weide voranrückt*
*und dabei Gras kaut, wie Regen*
*an einem sonnigen Tag mit blauem Himmel.*
*Sie schauen dich gemächlich und gelassen an.*

*Sie kommen heran und streicheln dich mit der*
  *Zunge,*
*wenn du dich zu ihnen setzt,*
*legen sich in der Hitze des Tages nieder,*
*die Augen voll Neugier auf dich gerichtet,*
*wissend, alle sind verbunden miteinander.*

Kate verwendet in diesem Gedicht nicht nur das recht seltene Wort »girth« [Umfang, Körperumfang, hier mit »Mitte« wiedergegeben], sondern scheint auch die psychische Grenze zwischen sich und anderen Geschöpfen zu überschreiten, eine Grenze, die beim Autismus im allgemeinen als unüberwindlich gilt. Das Gedicht vermittelt den Eindruck, daß Kate sich Gedanken darüber macht, wie es wohl ist, eine dieser Kühe zu sein. Die folgenden zwei Gedichte sind ebenfalls von Kate.

*Spiral, spirals, round and round,*
*coming to the same place,*
*nothing getting out;*
*in and out, over and under, through;*
*this way and that, up and down,*
*interlocking me to slam back,*
*putting me in knots;*
*everything ending where it started,*
*emptying, unvitalised, choked in spasms.*

*Can I ever stop the chaos,*
*crippling my intentions*
*to mere fragments shapelessly,*
*helplessly into senseless connections?*

*Will you ever listen?*
*spirals end up dying desperately,*
*in my head of agonising torture.*
*My body pushes circles away*
*from my soul,*
*to see a chink of light that is mine*
*in ever increasing circles.*

*Windung, Windungen, immer im Kreis herum,*
*an denselben Ort zurückkehrend,*
*kein Entkommen;*
*hinein und hinaus, darüber und darunter,*
    *hindurch;*
*hierhin und dorthin, hinauf und hinunter,*
*schließt mich ein, um auf mich zurückzuschlagen,*
*verknotet mich;*
*alles endet, wo es begonnen hat,*
*wird leer, leblos, in Zuckungen erstickt.*

*Kann ich dem Chaos je ein Ende setzen,*
*das mein Wollen*
*zu bloßen gestaltlosen Bruchstücken,*
*zu ohnmächtigen sinnlosen Verbindungen entstellt?*

*Wirst du jemals zuhören?*
*Windungen enden, sterben voller Verzweiflung,*
*in meinem Kopf unter qualvoller Folter.*
*Mein Körper treibt Kreise*
*von meiner Seele weg,*

*um einen Lichtspalt zu erblicken, der mein ist,*
*in immer größer werdenden Kreisen.*

\*

*Words missing;*
*directing links lost:*
*every now and again*
*a word pops up*
*within my head*
*that helps.*
*Months go by;*
*the connection*
*just connects*
*when I say it in right place,*
*leading it to right person.*

*She goes*
*'Ah, is that what you meant?'*

*Worte fehlen;*
*Verbindungen, die die Richtung weisen, sind verloren:*
*hier und da*
*schießt in meinem Kopf*
*ein Wort hoch,*
*das hilft.*
*Monate vergehen;*
*Die Verbindung*
*stellt sich her,*
*wenn ich das Wort am richtigen Ort sage,*
*an die richtige Person richte.*

*Sie sagt*
*»Ach, das hast du also gemeint?«*

In seinem Buch *Poetic Effects: A Relevance Theory Perspective* weist Adrian Pilkington darauf hin, daß die Akzentuierung der in der Lyrik enthaltenen Elemente immer wieder anders ausfällt und sich verschiebt, weil zum einen die Lyriker sich in ihrer Persönlichkeit unterscheiden und zum anderen historische und länderspezifische Einflüsse hineinspielen. Zum Beispiel liegt in manchen Sprachen das Reimen näher als in anderen. Bestimmte formale Grundmuster, etwa das Wiederholen von Elementen, Versmaß, Stabreime und andere Klangeffekte, finden sich allerdings in den verschiedensten Formen von Lyrik. Wir verglichen die Gedichte der geistig behinderten, unter dem Asperger-Syndrom leidenden Kate mit den Gedichten der hochintelligenten, aber wie Kate körperlich behinderten Emma. Dabei untersuchten wir den thematischen Gehalt der Gedichte, die Verwendung von poetischen Techniken und Kunstgriffen, etwa phonologischen Mustern und Reimen, sowie von Metaphern. Eine Möglichkeit, poetische Effekte unter kognitiven Aspekten zu erklären, besteht laut Pilkington darin, die Kontextbezüge zu untersuchen, die in der metaphorisch und bildhaft gebrauchten Sprache stecken.

Wir analysierten von jeder Autorin etwa 70 Gedichte. Wenn wir uns die Themen anschauen, stellen wir fest, daß die Behinderungen der jeweiligen Autorin oft im Vordergrund stehen. Kates Selbstanalyse und Selbstreflexion, die in ihren bereits zitierten Texten zu erkennen ist, kommt in etwa der Hälfte ihrer Gedichte zum Ausdruck. Doch auch in einem Viertel von Emmas Gedichten, unter anderem in den zwei bislang vorgestellten, tritt dieses Thema hervor. Auch viele andere Lyriker schreiben über ihre Schwierigkeiten, ihre innere Verfassung und ihr Selbsterleben.

Da bei Kate die Diagnose eines Asperger-Syndroms gestellt wurde, fällt auf, daß Kates und Emmas Gedichte mit gleicher Häufigkeit von zwischenmenschlichen Beziehungen handeln. Beide befassen sich in etwa 20 Prozent ihrer Gedichte mit diesem Thema. Kate reflektiert dabei über ihr Scheitern, wie die folgende Passage zeigt:

> *but your mouth*
> *is closed*
> *to me.*
> *Silent silence*
> *between us.*
> *Did it end*
> *when I was not looking?*
>
> *aber dein Mund*
> *ist verschlossen*
> *für mich.*
> *Stilles Stillschweigen*
> *zwischen uns.*
> *Hörte es auf,*
> *als ich gerade nicht hinschaute?*

In einem Gedicht von Emma zu diesem Thema heißt es:

> *but you – or I, who knows? -*
> *won't let me come too close*
> *and I in my ill-slung frame of bones*
> *am reduced to words*
> *to draw you to myself.*
>
> *aber du läßt – oder ich lasse, wer weiß? -*
> *nicht zu, daß ich zu nahe komme*
> *und ich in meinem verdrehten Knochengerüst*
> *kann nichts als Worte nehmen*
> *um dich an mich zu ziehen.*

Beschreibungen von anderen Menschen finden sich häufiger bei Emma als bei Kate. Emma schreibt über eine Verwandte:

> *... Aunt Nan was eighty-seven when she died.*
> *I don't know how, but I see her*
> *slipping out in amethystine twilight,*
>
> *smiling, rigged out with stars*
> *in her white hair.*

> *... Tante Nan war siebenundachtzig, als sie starb.*
> *Ich weiß nicht, woher das Bild kommt, aber ich sehe sie*
> *in amethystenem Dämmerlicht davongleiten,*
>
> *lächelnd, herausgeputzt mit Sternen*
> *in ihrem weißen Haar.*

Doch auch Kate ist in der Lage, über andere Menschen zu schreiben, zum Beispiel in ihrem Gedicht »Derelicts« [menschliche Wracks; Obdachlose]:

> *Naked as stone,*
> *a powerful skull,*
> *hunched over,*
> *uncomfortably asleep;*
> *imprisoned in humps,*
> *hollows full of lumps,*
> *the shapeless derelicts*
> *in local park.*

> *Nackt wie Stein,*
> *ein mächtiger Schädel,*
> *vornübergekrümmt,*
> *in unbehaglichem Schlaf;*

> *eingesperrt in Buckeln,*
> *Höhlen voller Geschwulste,*
> *die gestaltlosen Wracks*
> *im nahen Park.*

Auf Landschaft und Natur geht Emma öfter ein, doch das Motiv kommt auch bei Kate vor:

> *Dry, white stone walls,*
> *Vision of beauty*
> *In the dales I love*
> *Sun reflects through the holes of age...*
> *Smooth, rough, flat, round, knobbly, white stone.*

> *Trockene, weiße Steinmauern,*
> *ein Bild der Schönheit*
> *in den Tälern, die ich liebe*
> *Sonne blitzt durch die Risse des Alters ...*
> *Glatter, rauher, flacher, runder, höckriger, weißer*
>      *Stein.*

In einem Naturgedicht von Emma heißt es:

> *Below the chalky wave of cliffs*
> *five patterned fingers clenched on grey*
> *seen among pebbles catch the eye*
> *long ago sea urchin laid under sand*
> *slow crystal movement, calcium to flint*
> *leaves only the folded star to shine*
> *single from the countless stones.*

> *Unterhalb der kreidenen Welle der Klippen*
> *fällt der Blick zwischen Kieseln*

> *auf ein Muster aus fünf Fingern, die sich um etwas*
> *Graues ballen*
> *vor langer Zeit kam der Seeigel unter Sand zu liegen*
> *langsame Kristallbewegung von Kalk zu Kiesel*
> *ließ nur den gefalteten Stern übrig*
> *der einzig hervorglänzt unter den zahllosen Steinen.*

In einem Vortrag über »die drei Stimmen der Poesie« sagt T. S. Eliot, mit der ersten der Stimmen spreche der Dichter zu sich selbst – oder zu niemandem. Dies ist die Stimme, die Kate vorwiegend verwendet. Sie greift nur selten auf die zwei anderen von Eliot erwähnten Stimmen zurück, die sich an ein Publikum richten oder versuchen, eine fiktive, in Versen sprechende Figur zu erschaffen. Die Gedichte beider Frauen spiegeln in erster Linie ihre Persönlichkeit und ihre Erfahrungen wider. Aus unserer Inhaltsanalyse zogen wir den Schluß, daß sie sich in ihren Themen wohl nicht stärker voneinander unterscheiden, als das bei anderen Lyrikern wäre, die sich mit mehr oder weniger ähnlichen Problemen auseinandersetzen müssen.

Im nächsten Schritt analysierten wir einige der formalen poetischen Mittel, die unsere zwei Lyrikerinnen verwendeten. Doch bevor ich hierauf näher eingehe, sollte ich erwähnen, daß die bloße Darstellung der formalen Grundmuster eines Gedichts wenig über seine poetische Wirkungen verrät, ebenso wie sein thematischer Gehalt allein nichts über die künstlerische Qualität aussagt. Laut dem bedeutenden Sprachwissenschaftler R. Jacobson beruhen einige der ästhetischen Wirkungen eines Gedichts auf einem angeborenen Bedürfnis nach regelmäßigen und symmetrischen Mustern, wie Reim und Versmaß sie erzeugen. Pilkington gibt allerdings zu bedenken, daß Analysemodelle, die nur von solchen textinternen Merkmalen ausgehen, wohl Verse erklären können, nicht aber die Poesie. Man muß, so sagt er, das Augenmerk auf geistige Vorstellungen und Vorgänge richten, die ein Gedicht wachruft und die für die poetische Kommunikation charakteristisch sind.

Als wir solche textinternen Stilmittel zu analysieren begannen, stellten wir fest, daß sich die zwei Autorinnen deutlich darin unterscheiden, wie häufig sie klangliche oder rhythmische Mittel wie Reim, Stabreim oder Versmaß einsetzen. Emma verwendet sie weit mehr als Kate, die sich nicht in nennenswertem Maße damit befaßt. Doch obwohl Kate sich dieser Stilmittel kaum und nur halb so häufig wie Emma bedient, gibt es von ihr dennoch Zeilen wie »my tears of years« [meine Tränen vieler Jahre].

Ein anderes texinternes Stilmittel, die sogenannte »abwandelnde Wiederholung«, fußt auf dem Satzbau. Man wiederholt eine Satzstruktur und fügt in dieses gleichbleibende Gerüst jeweils andere Worte ein, wie Kate das im folgenden Gedicht tut:

> *I was contradicting my own patterns*
> *very intelligently*
> *till society <u>hit</u> me.*
> *I knew my own patterns to create much*
> *leisure, pleasure, safety,*
> *till society <u>whacked</u> me.*
> *I knew how to start*
> *to control the input,*
> *slowly giving confidence,*
> *to my own upward surge powerfully*
> *till society <u>heavily bounced</u> on me.*

> *Ich leistete gegen meine eigenen Muster*
> *sehr findigen Widerstand,*

*bis die Gesellschaft auf mich einschlug.*
*Ich hatte meine eigenen Wege, zu großer*
*Muße, Freude, Sicherheit zu finden,*
*bis die Gesellschaft mir Hiebe versetzte.*
*Ich wußte, wie ich beginnen konnte,*
*die Vielfalt zu bewältigen,*
*gewann langsam Vertrauen*
*in meinen machtvollen Drang nach oben,*
*bis die Gesellschaft sich auf mich stürzte.*

Beide Autorinnen verwenden solche abwandelnden Wiederholungen gleich oft. In einem Gedicht mit dem Titel »Cantelon« schreibt Emma[2]:

*King and Queen of Cantelon*
*Is it so far to Babylon?*

*Yes, Babylon is far away.*
*You'll not get there by light of day,*
*But strike your foot against a stone*
*And you may come to Cantelon.*

*I strike my foot against no stone,*
*I will not come to Cantelon.*

*Oh Babylon by candlelight,*
*You'll get there if your feet are light,*
*But strike your foot against a stone*
*And you will come to Cantelon ...*

*König und Königin von Cantelon*
*Ist es so weit nach Babylon?*

---

[2] Sie variiert hier den Kinderreim »King and Queen of Cantelon«. A. d. Ü.

*Ja, Babylon ist weit weg.*
*Du wirst nicht mehr bei Tageslicht hingelangen,*
*doch stoß mit dem Fuß gegen einen Stein*
*und du kommst nach Cantelon.*

*Ich stoße mit dem Fuß gegen keinen Stein,*
*ich komme nicht nach Cantelon.*

*Oh Babylon im Kerzenschein,*
*du wirst es erreichen, wenn du leichtfüßig bist,*
*doch stoß mit dem Fuß gegen einen Stein*
*und du kommst nach Cantelon ...*

Als nächstes untersuchten wir, was für Gleichnisse und
Metaphern in den Gedichten von Emma und Kate vorkommen und wie viele. Solche bildhaften Wendungen sind Zeichen oder Symbole, die für etwas anderes stehen und für
poetische Effekte entscheidend sind. Bei einem Gleichnis
werden Dinge direkt verglichen, wie etwa in dem Ausdruck
»ein Herz so hart wie Stein«. Bei Metaphern dagegen werden
ungewohnte Verknüpfungen zwischen Worten oder Wendungen hergestellt, wie in dem Satz: »Die Falltür der De-
pression verschluckte mich.« Adrian Pilkington geht wie
erwähnt davon aus, daß man, um eine kognitive Theorie der
Entstehung echter poetischer Effekte zu entwerfen, unter
anderem die Kontexte von Metaphern untersuchen muß.
Übertragene Bedeutungen kommen selbstverständlich
nicht nur in Gedichten vor, doch Pilkington geht es darum,
Kontexte der Metaphernverwendung in der Lyrik zu erforschen. Bei einer zur konventionellen Wendung erstarrten
Metapher wie »Sue ist eine Nervensäge« steht nur eine mögliche Deutung offen, nämlich daß Sue eine schreckliche Person ist und man ihr unbedingt aus dem Weg gehen sollte.
Dagegen wurde von dem amerikanischen Dichter Walt

Whitman einmal gesagt, »daß er Worte eins ans andere legte, die man nie zuvor zusammen sah«. Dieser Satz erschließt ein breites Spektrum an kontextuellen Bedeutungen und Bezügen. Je unabhängiger eine Metapher also vom Kontext und je offener sie für verschiedenartige Deutungen ist, desto eher kann sie komplexe geistige Vorstellungen abrufen. Emma schreibt:

> *The cicada's rough constancy of noise*
> *shrills through the night*
> *a sound like water falling.*

> *Der Zikade rauhes, beständiges Lärmen*
> *gellt durch die Nacht*
> *ein Laut wie von stürzendem Wasser.*

Dies ist eher ein Gleichnis als eine Metapher. In ihrem oben zitiertem Gedicht »Derelicts« verwendet Kate sowohl Reime als auch Gleichnisse, und das am Kapitelanfang stehende Gedicht »Fragments Mend« besteht im wesentlichen aus einer einzigen, ausgestalteten Metapher. Am poetischsten aber setzt sie Metaphern wohl in ihrem Gedicht über die Kühe ein. Sie stellt einen Zusammenhang her zwischen der Gleichzeitigkeit, in der die Kühe über eine Wiese voranrücken und dabei Gras kauen, und einem Regen an einem sonnigen, wolkenlosen Tag. Der Leser kann sich überlegen, ob sie damit möglicherweise auf eine Gleichzeitigkeit von Freude und Mühsal anspielt. Aus der Mehrdeutigkeit der metaphorischen Bezüge entstehen poetische Effekte. Dagegen drückt Kates metaphorische Wendung »The fish had no water« unzweideutig aus, daß sie oft überfordert ist, wenn sie in ihrem Lebensumfeld zurechtkommen und sich mit anderen verständigen soll. Hier ist nur eine Deutung des

Kontextes möglich, nämlich daß sie an ihrer Situation verzweifelt. Dennoch ist die Metapher anschaulich und wirkungsvoll. Jedes gelungene Kunstwerk stellt nicht nur kognitive Bezüge her, sondern ruft auch Gefühlszustände in einem wach. William Wordsworth schreibt in seinem Vorwort zu den *Lyrical ballads,* daß Poesie ein spontanes Hervorströmen des Gefühls darstellt. Pilkington zeigt auf, daß die in einem Text hergestellten Kontextbezüge möglichst unerwartet und klischeefern sein müssen, damit die poetische Evokation von Empfindungen gelingen kann und starke poetische Effekte entstehen. Kate ist nur in begrenztem Maße in der Lage, solche Kontextbezüge zu erfassen und gezielt nach ihnen zu suchen, und doch bringt sie ihre Traurigkeit und Verzweiflung über ihre Nöte mit ihren Gedichten eindrücklicher zum Ausdruck, als sie das in anderem Zusammenhang und auf anderem Wege jemals könnte.

Es fällt auf, daß sowohl Kates Begabung als auch ihre Behinderung im selben Funktionsaspekt zutage treten, nämlich in der Sprache. Beispielsweise kann sie viele Wörter, die in der Alltagssprache oft vorkommen, weder verstehen noch im Gespräch verwenden noch definieren, obwohl sie in ihren Gedichten auf einen großen Wortschatz zurückgreift. Doch vielleicht sind solche Diskrepanzen gar nicht so verwunderlich. Auch unsere Alltagserfahrung sagt uns, daß jemand Sprache um so wirkungsvoller einsetzen wird, je mehr ihm das, worüber gesprochen wird, am Herzen liegt und je mehr er sich darin auskennt. Ein Rechtsanwalt, der in einem Gerichtsfall ein gewandtes Plädoyer hält, ist nicht unbedingt in der Lage, auf ähnlich beeindruckende Weise einen Frühlingstag zu beschreiben, und ein Politiker, der für seine rhetorisch brillanten Reden bekannt ist, findet vielleicht nicht zu gleichermaßen überzeugenden Worten, wenn es um etwas anderes als Politik geht. Kate hat große

Schwierigkeiten, die Gedanken, Empfindungen und Einstellungen anderer Menschen wahrzunehmen, aber in ihrem Gedicht über die Kühe gelingt es ihr durchaus, ein Gefühl davon zu vermitteln, wie es wohl sein mag, eine Kuh zu sein.

Man war nicht zu allen Zeiten der Ansicht, daß Metaphern für die Erzeugung von poetischen Effekten unabdingbar sind. Ihre häufige Verwendung ist ein relativ junges Phänomen, auf das der Philosoph und Dichter Friedrich Nietzsche im späten neunzehnten Jahrhundert als einer der ersten hinwies. Er hob die damals noch neue Tendenz hervor, Wörter, die direkt aus Erfahrungen der sinnlichen Wahrnehmung abgeleitet sind, durch bildhafte Ausdrücke und Metaphern zu ersetzen. Der zeitgenössische griechische Dichter Dimitri Amalis nimmt diesen Gedanken auf, wenn er die Verwendung kühner Metaphern mit den Worten ablehnt: »Ich bin zu lange fernab der Küste im Hinterland umhergewandert, wo der Mythos die Symbole des Lebens ablädt.« In seinen Gedichten strebt er danach, der gegenständlichen Realität eine gleichermaßen konkrete, gegenstandsbezogene Sprache gegenüberzustellen.

Pilkington hat zu Kates Gedichten angemerkt, sie kämen ihm eher wie Rohfassungen als wie vollständig abgeschlossene Schöpfungen vor, obgleich die Elemente poetischer Ideen in ihnen enthalten sind. Dasselbe ließe sich wohl von vielen der Zeichnungen, Gemälde oder musikalischen Improvisationen von Savants sagen. Ein Grund dafür, daß Savants nicht darauf aus sind, es »genau richtig« hinzubekommen, dürfte sein, daß ihr Tun in erster Linie dem Selbstausdruck und weniger der Kommunikation dient. Hinzu kommt aber natürlich, daß Savants wenig oder nichts daran gelegen ist, ihre eigenen Gedichte, Bilder oder musikalischen Leistungen kritisch zu bewerten. Sie streben

nicht nach größtmöglicher Perfektion. Ungeachtet dieser
Einschränkungen sind Kates Gedichte außergewöhnlich,
wenn man in Betracht zieht, wie sehr sie auf zwi-
schenmenschlichem und geistigem Gebiet beeinträchtigt
ist. Wie bei anderen Savants, auf die ich in den folgenden
Kapiteln eingehen werde, so wird auch bei ihr deutlich, daß
spezifische kognitive Funktionen, wie in diesem Fall die
Sprache, nicht als einheitliche Gebilde aufzufassen sind –
zumindest bei Savants, wahrscheinlich aber auch bei anderen Menschen. Die Funktionen scheinen vielmehr in quasi-
modulare Unteraspekte aufgeteilt zu sein.

In seiner Rede zur Verleihung des Nobelpreises sagte der
Dichter Seamus Heaney, daß Dichter danach streben, zum
einen die externe Realität wiederzugeben und zum anderen
den inneren Gesetzen des dichterischen Seins zu folgen.
Genau dies gelingt Kate im kleinen, obwohl ihre sprachlichen Möglichkeiten begrenzt sind, etwa wenn sie von »großen starken weißumgürteten Kühen« spricht oder wenn sie
schreibt:

> *I lost the me*
> *It got under everything*
> *That was not poems*

> *Ich habe mein Ich verloren*
> *Es verschwand unter allem*
> *Was nicht Gedicht war*

# Kapitel 5: Fremdsprachen

Christopher versteht, spricht, liest und schreibt Dänisch, Holländisch, Finnisch, Französisch, Deutsch, Griechisch, Hindi, Italienisch, Norwegisch, Polnisch, Portugiesisch, Russisch, Spanisch, Schwedisch, Türkisch und Walisisch und kann aus diesen Sprachen ins Englische übersetzen. Als er aber für kurze Zeit eine Normalschule besuchte, kam er mit den Anforderungen dort nicht zurecht und wurde als geistig behindert eingestuft. Er ist mittlerweile 37 Jahre alt und nicht in der Lage, ein eigenständiges Leben zu führen. Er lebt in einer beschützten Wohngruppe, wo er im Garten arbeitet, und ist immer begierig, neue Sprachen zu lernen. Seine liebevolle und fürsorgliche Familie nimmt ihn auf Urlaubsreisen ins Ausland mit, und er scheint mit seinem Leben zufrieden zu sein.

Seine Mutter war über 40, als sie ihn zur Welt brachte, und hatte sich zu Beginn der Schwangerschaft mit Röteln angesteckt. Die Entbindung erfolgte unter Sauerstoffzufuhr. Das Füttern des Babys gestaltete sich schwierig, und es warf oft den Kopf hin und her. Christopher fing erst spät an zu laufen und zu sprechen, und er hatte einen kleinen Sprachfehler und schlechte Augen. Nachts gab er merkwürdige Geräusche von sich. Als er zwei Jahre alt war, kam man zu dem Urteil, er sei geistig zurückgeblieben. Er kam an ein Zentrum für behinderte Kinder und besuchte später eine Sonderschule für Lernbehinderte. Seine motorische Koordination war mangelhaft; er konnte zum Beispiel einen Ball nicht fangen und werfen oder sich die Nägel schneiden. Als er 20 war, hieß es in einem Bericht über ihn, er leide unter einer »schweren neurologischen Beeinträchtigung der Bewegungskoordination«. Eine kürzliche Computertomographie des Schädels ergab mittelgradige diffuse Normabweichungen, wie man sie nicht selten bei Autisten findet, deren kognitive Funktionen sich auf relativ hohem Niveau bewegen.

Als er 14 war, führte man einen Intelligenztest mit ihm durch. Bei Aufgaben zur räumlichen Wahrnehmung entsprachen seine Leistungen nur denen eines nichtbehinderten Achtjährigen. Sein verbaler IQ allerdings lag knapp unter 100 und damit im normalen Durchschnittsbereich. Auf einer Skala zur geistigen Reife kam er auf Werte, die mit denen von nichtbehinderten Neunjährigen vergleichbar waren. Er konnte nicht gut mit Zahlen umgehen und war beispielsweise außerstande, beim Bezahlen in einem Laden zu erkennen, ob man ihm korrekt herausgegeben hatte. Ein klassischer Test zum Verständnis der sogenannten Mengenerhaltung überforderte ihn: Man zeigte ihm zwei Schnüre, auf die jeweils die gleiche Anzahl von Perlen aufgefädelt war. Solange die Perlen auf den zwei Schnüren gleich angeordnet waren, erkannte Christopher, daß er zweimal dieselbe Anzahl vor sich hatte. Wenn aber die Perlen auf der einen Schnur in Abständen angeordnet wurden, während sie auf der anderen wie zuvor direkt nebeneinanderlagen, gab er durchweg an, die jeweils längere Reihe enthielte mehr Perlen als die kürzere. Nichtbehinderte Kinder können im Alter von fünf Jahren erkennen, daß die Anzahl der Perlen unverändert bleibt. Andererseits wird von Christopher berichtet, er habe mit drei Jahren Zeitungsanzeigen gelesen und beim Blättern im Schulbuch seiner älteren Schwester ein wenig Französisch aufgeschnappt. Es war klar, daß er Bücher liebte, wobei er nicht Geschichten für Kinder vorzog, sondern

Telefonbücher, Wörterbücher und Bücher mit Listen von Landesflaggen und Währungen. Er hat sogar eine regelrechte Abneigung gegen Belletristik und Märchen.

Obwohl bei Christopher Autismus oder ein Asperger-Syndrom nie explizit diagnostiziert worden ist, weist er zu einem großen Teil die dafür typischen Verhaltensmerkmale auf. Er neigt dazu, den Augenkontakt mit anderen zu vermeiden, und zeigt kaum jemals starke Gefühlsregungen, außer der Freude und Begeisterung, die für ihn mit allem verbunden sind, was mit Fremdsprachen zu tun hat. Er beteiligt sich nicht spontan an Unterhaltungen über allgemeine Themen. Am Ende einer Testsitzung steht er oft einfach auf und geht aus dem Raum, ohne ein Wort zu sagen oder zu einem hinzuschauen. Obwohl sein verbaler IQ im Normbereich liegt, versteht er keine Ironie und keine Witze, wie das für den Autismus oder das Asperger-Syndrom typisch ist. Er kann auch mit Metaphern nichts anfangen und reagiert in typisch autistischer Weise auf Situationen, die verlangen, daß man sich der inneren Verfassung, der Gedanken und Überzeugungen anderer Menschen bewußt wird. Bei einem Test, der solches »Gedankenlesen« prüft, wird ein Spielzeug in eine Schublade gelegt, während zwei Kinder dabei zuschauen. Dann verläßt das eine Kind den Raum, während das andere zurückbleibt und das Spielzeug aus der Schublade genommen und hinter Büchern versteckt wird. Das Kind, das im Raum geblieben ist und beim Verstecken zugeschaut hat, wird nun gefragt: »Wenn deine Freundin wieder hereinkommt, wo wird sie nach dem Spielzeug suchen?« Ein autistisches Kind wird gewöhnlich antworten: »Hinter den Büchern.« Es kann das, was es selbst gesehen hat und weiß, nicht von dem trennen, was die Freundin denken wird. Einige von Christophers Reaktionen bei solchen Tests zur »Theorie der psychischen Welt« machten deutlich, daß er keinen Sinn dafür hatte, ob in anderen Menschen möglicherweise etwas anderes vorging als in ihm selbst. Dagegen vermochte er wahrzunehmen, daß der konkrete räumliche Blickwinkel anderer von dem seinen abweichen konnte. Wenn ihm beispielsweise an einem Tisch jemand gegenübersaß, konnte er sich bewußt machen, daß eine auf dem Tisch in Augenhöhe plazierte Spielzeugszene mit Häusern, Bergen und Bäumen aus seiner Sicht anders aussah als aus der seines Gegenübers. Ihm war klar, daß die Häuser, die er vor den hohen Bergen sah, aus der entgegengesetzten Perspektive verdeckt wären.

Neil Smith, ein Professor der Sprachwissenschaft, von dessen Untersuchungen zu Christophers erstaunlichen sprachlichen Fähigkeiten ich in diesem Kapitel berichten werde, führt ein aufschlußreiches Beispiel dafür an, daß Christopher, wie das für Autisten typisch ist, keinen Sinn für Als-ob-Spiele hat. Smith sagte ihm, er werde im Spaß so tun, als rufe er einen Freund an. Er nahm daraufhin eine Banane, hielt sie sich ans Ohr und sagte: »Hallo, hallo, hörst du mich? Wie geht's?« Als er nun Christopher fragte, was er da gerade getan habe, war die Antwort: »Eine Banane ins Ohr getan.« Frage: »Warum habe ich das getan?« Antwort: »Weiß nicht.« Nichtbehinderte Dreijährige verstehen solche Als-ob-Spiele, Christopher dagegen kann nichts damit anfangen.

Als Neil O'Connor und ich Christopher kennenlernten, war er freundlich, aber auch recht einsilbig und verschlossen. Obwohl seine verbale Intelligenz im Normbereich lag, hatten wir einige Mühe, eine ganz gewöhnliche Unterhaltung mit ihm zu beginnen. Sobald das Gespräch aber auf Fremdsprachen kam, hellte sich sein Gesicht auf, und er wurde lebhaft und war guter Dinge. Bis dahin war seine Begabung für Fremdsprachen nie systematisch untersucht worden, und es gab nur anekdotische Berichte darüber. Bald nachdem Christopher auf die Sonderschule gekommen war, fiel einer Lehrerin dort auf, daß er ein wenig Polnisch zu verstehen schien. Als sie ihn fragte, wie es denn komme, daß er diese Sprache kenne, sagte er nur, das sei einfach so. Tatsache ist aber, daß er einen polnischen Schwager hat, den er Polnisch hatte sprechen hören. Christopher kann eine Sprache unabhängig davon erlernen, wie sie ihm begegnet, ob er sie nun im Radio hört, in ausländischen Zeitungen sieht oder regelrechten Unterricht darin bekommt. Er eignet sich den neuen Wortschatz und die Formenlehre in einer erstaunlichen Geschwindigkeit und ohne erkennbare Anstrengung an. Mit einer unbekannten Grammatik freilich hat er mehr Schwierigkeiten. Bei Frage-Antwort-Aufgaben in der neuerworbenen Sprache ist ihm die schriftliche Form lieber als die mündliche.

Bei einem unserer ersten Besuche in Christophers Sonderschule erzählte eine israelische Lehrerin O'Connor und mir, daß sie Christopher über fünf Tage hinweg 300 Kärtchen gezeigt und vorgelesen hatte, an jedem Tag 60. Auf jede der Karten war ein englisches Wort und das entsprechende, in lateinischen Buchstaben geschriebene hebräische Wort gedruckt. Sie berichtete, daß er am sechsten Tag, als sie ihm sämtliche 600 englischen Wörter zeigte, fast alle dazugehörigen hebräischen Wörter nennen konnte, obwohl sie sie ihm zuvor nur ein einziges Mal präsentiert hatte. In einem ähnlichen Test, den Smith und Tsimpli später durchführten, machte er allerdings einige Fehler, auch wenn seine Leistung noch immer beeindruckend war. Bei einem unserer Besuche begleitete uns eine französische Kollegin. Christopher bekam das mit, und da ich ihm zuvor gesagt hatte, daß meine Muttersprache Deutsch ist, begann er sogleich, mit höchstem Vergnügen zwischen den Sprachen hin- und herzuwechseln. Indes war der Inhalt des Gesprächs nach wie vor sehr von Wiederholungen und Klischees geprägt. Alles, was mit Fremdsprachen zu tun hat, bereitet Christopher große Freude, und er beschäftigt sich unablässig damit. Nach wie vor gilt aber, daß alles, was er in einer seiner Sprachen und auch in seiner Muttersprache Englisch zu sagen hat, sich innerhalb sehr enger Grenzen bewegt.

Wir waren natürlich vertraut mit Berichten über das Talent mancher Menschen, sich Fremdsprachen rasch und umfassend anzueignen. Doch soweit ich weiß, lagen zu der Zeit, als Neil O'Connor und ich Christopher zu untersuchen begannen, über derartige Fertigkeiten bei einer Person mit vergleichbaren geistigen Handikaps keine Veröffentlichungen vor. Der Archäologe Heinrich Schliemann, der in Troja und Mykene so wichtige Entdeckungen gemacht hat, soll in den drei Monaten, ehe er zu seiner ersten Expedition aufbrach, 15 Sprachen gelernt haben. Von dem britischen Historiker Thomas Babington Macaulay wird Ähnliches berichtet, und in der *Encyclopaedia Britannica* werden weitere Menschen mit einer solchen Sprachbegabung beschrieben. So soll Mithridates von Pontus, der etwa von 120 bis 63 v. Chr. lebte, 25 Sprachen beherrscht haben, und James Chrichton (1500–1585) hatte mit 15 Jahren bereits zehn Sprachen erlernt. Noch beeindruckendere Beispiele sind die von Kardinal Giuseppe Mezzofani (1774–1849), der 50 Sprachen sprechen und aus 114 übersetzen konnte, und von Sir John Brown, einem britischen Diplomaten, der sich angeblich in 100 Sprachen unterhalten und in 200 Texte lesen konnte. In welchem Maße aber die Genannten die einzelnen Sprachen beherrschten, wissen wir nicht, und es ist ratsam, im Hinblick auf die Genauigkeit dieser anekdotischen Darstellungen ein wenig skeptisch zu sein.

Neil O'Connor und ich begannen unsere Analyse von

Christophers Sprachtalent damit, daß wir mit ihm einen Standardtest zum englischen Wortschatz durchführten, aus dem hervorgeht, wie viele Wörter jemand versteht. Jede Seite in einem kleinen Buch zeigt vier Bilder, die unterschiedliche Gegenstände, Handlungen oder Begriffe darstellen. Man sagt dann dem Probanden ein Wort und bittet ihn, auf das passende unter den vier Bildern zu deuten, das dazu paßt. Zu Beginn werden Wörter genannt, die im Alltag sehr häufig verwendet werden und daher den meisten Menschen vertraut sind, zum Beispiel »Stuhl«, »laufen«, »Obst«. Nach und nach kommt man dann zu seltener benutzten Wörtern wie »Statue«, »schmollen« oder »senil«. Christopher erzielte in diesem Wortschatztest einen Punktwert, der einem IQ von 121 entsprach. Das ist zwar kein herausragendes, aber doch sehr gutes Ergebnis, und wenn es nur von diesem Wert abhinge, hätte Christopher sich ohne weiteres an einer Universität einschreiben können. In einem Test zum sprachlichen Denken aber erreichte er nur einen IQ von 89, also einen Intelligenzwert im unteren Durchschnittsbereich. Das machte deutlich, daß sein Wortschatz größer war als seine Fähigkeit, von anderen Aspekten seiner Muttersprache Gebrauch zu machen.

Nachdem wir den Umfang von Christophers Wortschatz in seiner Muttersprache ermittelt hatten, legten wir ihm entsprechende Wortschatztests für Deutsch, Französisch und Spanisch vor. Im deutschen Test erzielte er einen IQ von 114, im französischen von 110 und im spanischen von 89. Auch der niedrigere letzte Wert liegt durchaus im Normbereich für den Wortschatz von Muttersprachlern.

Als nächstes baten wir ihn, Passagen in den drei Sprachen, die aus Prüfungstexten des letzten britischen Schuljahrs stammten, ins Englische zu übersetzen. Es handelte sich um folgende Texte:

▓ *Französischer Text*
C'était le jour de la rentrée. Ce matin-là, je me suis reveillé à six heures, comme à la maison. Je suis allé coller mon oreille à la porte de mon cousin. Il respirait doucement. Une heure plus tard, j'ai sauté du lit et après m'être habillé, je suis entré dans sa chambre. Il m'a dit que je ne devais plus frapper à l'avenir, que c'etait ridicule. Je me suis assis dans un des fauteuils et j'ai attendu. Au bout de quelques moments, Robert m'a demandé de lui préparer un café, qu'il a pris au lit.

Quand je le quittais pour aller au lycée il n'a fait que sourire. Arrivé à l'école, je n'ai pas eu à me présenter à personne, mon père avait tout reglé. Naturellement les autres élèves voulaient savoir mon nom.

*Deutscher Text*
Martin war jetzt zu Hause angekommen. Die Wohnung war klein und befand sich im vierten Stock des Gebäudes. Er schloß die Tür von innen ab und ging in die Küche, wo er schnell ein Glas Wasser trank und sein Paket in dem Wandschrank verschwinden ließ. Sein Herz pochte immer noch vor Angst, und er trat mit leisen Schritten in sein Schlafzimmer. Am Fenster schaute er vorsichtig auf die Straße hinunter. Erst konnte er niemanden entdecken. Bald bemerkte er jedoch vor einem kleinen Blumenladen zwei Männer, die in seine Richtung hinaufblickten. Seine Verfolger wußten also, wo er wohnte.

*Spanischer Text*
Visiblemente complacido, Carmelo se ajustó las gafas, dio media vuelta y entreabrió las puertas correderas que communicaban con la pieza inmediata, una habitación espaciosa, con una potente lámpara, sin pantalla, en lo alto, pen-

diente de una moldura de escayola, y una gigantesca mesa debajo, alrededor de la cual se sentaban, en sillas desiguales, una veintena de muchachos cuyos rostros se difuminaban entre el humo de tabaco. Hablaban todos al tiempo y sus voces se confundían con la del televisor sobre una banquete minúscula, en el rincón que formaba la pared con la puerta de acceso al vestíbulo. ▓

Christopher trug seine Übersetzungen der drei Abschnitte ohne jedes Zögern vor, ganz als hätte er die Texte auf Englisch vor sich, und brauchte für jeden Text weniger als eine Minute. Er machte ein paar Fehler, von denen einige grammatischer Natur waren und andere den Sinn des Satzes veränderten. Es paßte zu den Resultaten der Wortschatztests, daß seine Übersetzung aus dem Spanischen weniger zutreffend war als die aus dem Französischen und Deutschen. Anschließend wiesen wir nach, daß unser Fremdsprachenkenner in der Lage war, Fragen zu beantworten, die wir ihm auf Russisch, Hindi und Neugriechisch stellten, sowie eine kleine Geschichte auf Spanisch erzählen konnte, zu der er vorher vier Illustrationen gesehen hatte. Dabei machte er erneut einige syntaktische Fehler, doch er bewältigte jede Aufgabe rasch und sicher und zeigte damit, daß seine sprachlichen Fähigkeiten über ein einfaches Übersetzen in seine Muttersprache weit hinausgingen.

An diesem Punkt kamen wir zu dem Schluß, daß sich Christophers außerordentliche Begabung für Fremdsprachen nur mittels größerer sprachwissenschaftlicher Kenntnisse, als wir sie besaßen, angemessen untersuchen ließ. Wir fragten Professor Neil Smith von der sprachwissenschaftlichen Fakultät des University College in London, ob er daran interessiert sei, sich mit diesem einmaligen Fall einer Savant-Sprachbegabung zu befassen. Er sagte zu und begann daraufhin mit seiner Kollegin Maria Tsimpli, die sprachlichen Fähigkeiten Christophers eingehend zu analysieren. Ich habe von Professor Smith die Erlaubnis erhalten, einen Teil der Forschungsarbeiten hier in vereinfachter Form darzustellen. Die im folgenden zusammengefaßten Studien sind also die einzigen in diesem Buch, an denen meine Kollegen und ich nicht direkt beteiligt waren.

Zunächst untersuchten Smith und Tsimpli in allen Einzelheiten die Fähigkeiten Christophers in seiner Muttersprache. Sie prüften nicht nur das spontane Sprechen, die Fähigkeit, Unterhaltungen zu führen, Satzbau und semantische Strukturen, sondern testeten auch, ob er logische Schlußfolgerungen aus Dialogbeschreibungen wie der folgenden ziehen konnte: »Ein Junge namens Fred fragte seinen Freund John: ›Sprichst du Portugiesisch?‹ John antwortete, er beherrsche sämtliche europäischen Sprachen.« Auf die Frage hin, ob John wohl Portugiesisch könne, antwortete Christopher mit »Ja«. Es wurde deutlich, daß er mit solchen relativ einfachen Aspekten seiner Muttersprache durchweg gut zurechtkam und somit die allgemeine sprachliche Informationsverarbeitung bei ihm gut integriert war.

Smith und Tsimpli untersuchten auch Christophers Verständnis für Metaphern. Dies ist von besonderem Interesse, da ja Autisten mit Metaphern im allgemeinen nicht viel anfangen können. Die in Kapitel 4 beschriebene Kate ist da eine Ausnahme, auch wenn sie Metaphern nur in ihren Gedichten verwendet. Menschen, die unter Autismus oder dem Asperger-Syndrom leiden, nehmen meist alles sehr wörtlich und bleiben beim Sprechen und Verstehen im Konkreten verhaftet, wie jener Junge, der von »Marmorkuchen« glaubte, er sei zu hart zum Essen. Auch bei Christopher wurden solche Schwierigkeiten deutlich, als er die Bedeutung von Sätzen wie »Kein Mensch ist eine Insel« oder »Zwerge, die auf den Schultern von Riesen stehen, sehen weiter als die Riesen selbst« erklären sollte. Seine Antwort war jeweils ein verwirrtes »Das weiß ich nicht«. Ihm schien also, wie den meisten Menschen mit Autismus oder Asperger-Syndrom, das Verständnis für das abzugehen, was man die »interpretierende Sprachverwendung« nennen könnte. Seine Verständnisschwierigkeiten erstreckten sich auch auf Ironie, Witze, rhetorische Fragen und andere metalinguistische Aspekte der Sprachverwendung. Smith und Tsimpli kamen bei ihrer eingehenden Analyse von Christophers muttersprachlichen Fähigkeiten aber dennoch zu dem Schluß, daß sie sich insgesamt auf demselben Niveau bewegten wie die eines durchschnittlichen Muttersprachlers. Bestimmte offenkundige Schwachpunkte erklärten sie nicht mit einem spezifischen Defizit im sprachlichem Bereich, sondern damit, daß Christopher über eine eher begrenzte Allgemeinintelligenz verfügte und sein zentrales kognitives Verarbeitungssystem nur mangelhaft arbeitete.

Christophers nächste Aufgabe bestand darin, Texte aus allen 16 am Kapitelanfang aufgelisteten Sprachen zu übersetzen. Nur wenige Philologen oder Sprachwissenschaftler wären hierzu in der Lage, doch Christopher bewältigte die Aufgabe rasch und ohne Schwierigkeiten. Allerdings unterliefen ihm, so schnell und sprachgewandt er auch war, wiederum einige Fehler, wie in der wesentlich kleiner angelegten Untersuchung, die O'Connor und ich durchgeführt hatten. Bemerkenswert war, daß es Christopher bei Übersetzungsfehlern nicht aufzufallen oder zu kümmern schien, ob das Gesagte irgendeinen Sinn ergab. Was der jeweilige Satz im Ganzen bedeutete, schien ihn nicht zu interessieren. Er übersetzte den Text Wort für Wort, so als würde jedes nicht in einem Zusammenhang, sondern für sich stehen. Er verfuhr mit dem Textabschnitt so, als würde er jedes Wort aus einem inneren Wörterbuch ablesen, und ging, so drückten es Smith und Tsimpli aus, »wie ein Roboter« vor. Als sie ihn aufforderten, sich Zeit zu lassen und zunächst den ganzen Satz zu betrachten, wurde er unruhig und sagte, das könne er nicht. Die Konzentration auf sprachliche Einzelelemente und das Ignorieren des Kontextes sind, so stellten Uta Frith und Maggie Snowling fest, typische Lesestrategien autistischer Kinder. Oft lesen die Kinder Homographen, also Wörter, die gleich geschrieben, aber unterschiedlich ausgesprochen werden, falsch ab.

In einem weiteren interessanten Experiment gingen Smith und Tsimpli der Diskrepanz nach, die zwischen Christophers Punktwerten in Untertests zur verbalen Intelligenz und zur visuellen Wahrnehmung bestand. Sie zeigten ihm Wörter, bei denen die Buchstaben nicht vollständig gedruckt, sondern nur in Teilstücken sichtbar waren. Die Leistung bei dieser Aufgabe wurde dann mit seiner Fähigkeit verglichen, unvollständig gezeichnete Gegenstände zu erkennen, von denen die Umrisse nur teilweise zu sehen waren. Jede der zwei Aufgaben umfaßte 20 Beispiele, bei denen die Buchstaben beziehungsweise Zeichnungen stufenweise komplettiert wurden. Zunächst waren nur sehr kleine Teile des Buchstaben- oder Bildumrisses, dann noch lückenhafte, aber vollständigere Darstellungen und schließlich die ganzen Wörter oder Bilder zu sehen.

Sie fanden zunächst heraus, daß Christopher bei den Wörtern viel besser abschnitt als bei den Zeichnungen und ihm also wesentlich lückenhaftere Informationen ausreichten, um ein Wort zu erkennen. Im Vergleich mit nichtbehinderten Kontroll-Probanden war er der zweitbeste, wenn er Wörter erkennen sollte, von denen nur ein sehr kleiner Teil der Buchstabenumrisse zu sehen war, aber bei weitem der schwächste, wenn es darum ging, Gegenstände anhand von lückenhaften Konturen zu identifizieren. Diese Ergebnisse ähnelten denjenigen der Untersuchung, die O'Connor und ich mit Savant-Künstlern durchgeführt hatten. Wir ließen vier unterschiedliche Probandengruppen unvollständig gezeichnete Gegenstände bestimmen. Die erste Gruppe bestand aus Savant-Künstlern, die zweite aus nichtbehinderten Kunststudenten. Die Mitglieder der dritten und vierten Gruppe waren so ausgesucht, daß sie in ihren IQs jeweils mit den Mitgliedern der zwei Begabten-Gruppen vergleichbar waren. Zunächst wurden nur minimale Teile der Zeichnungen dargeboten, und wenn der Proband das Objekt in diesem ersten Schritt nicht zu erkennen vermochte, kamen nach und nach weitere Teilstücke hinzu.

Den beiden künstlerisch begabten Gruppen mußte man deutlich weniger von den Bildumrissen zeigen, damit sie das Dargestellte erkennen konnten, als den nach IQ parallelisierten Kontrollgruppen. Wir interpretierten das so, daß sowohl die Kunststudenten als auch die Savant-Künstler über die Fähigkeit verfügten, aus einem inneren »Bildlexikon« Vorstellungen zum Aufbau von Objekten abzuleiten. Eine ähnliche Erklärung hatten wir bereits für Christophers außerordentliche Fähigkeit gegeben, auf lexikalische Elemente zuzugreifen. Bei Menschen mit einer Spezialbegabung scheinen also Informationen, die für ihr Talent von Bedeutung sind, in Form von inneren Vorstellungsbildern gespeichert zu sein, die sehr rasch abgerufen werden können. Aus den Befunden von Smith und Tsimpli wie auch aus unseren eigenen läßt sich schließen, daß das Phänomen des besonders raschen Zugriffs auf Informationen unabhängig davon ist, ob die Informationsbruchstücke nun, wie bei Christopher, in Form von unvollständig gedruckten Wörtern vorliegen oder, wie bei zeichnerisch Begabten, als lückenhafte Bilder. Außerdem hängen der Aufbau von inneren Vorstellungsbildern, die mit dem jeweiligen Talent zusammenhängen, und der direkte Zugriff auf sie offenbar nicht mit der Allgemeinintelligenz zusammen, wie der Vergleich zwischen Savants und intellektuell Normalbegabten zeigt.

Ein weiterer wichtiger Befund von Smith und Tsimpli war, daß Christophers erstaunliche Auffassungsgabe sich nicht nur auf neue Wörter, sondern auch auf Morpheme erstreckte. Morpheme sind die kleinsten bedeutungstragenden Gestalteinheiten in der Sprache, die sich nicht weiter aufspalten lassen (z. B. *klein, kind* und *er* in *Kleinkinder*). Hinzu kommen Indikatoren, die auf Funktionszusammenhänge verweisen und je nach Sprache verschieden sind. Im Englischen beispielsweise gibt es, außer bei dem Verb *to be* (mit den Formen *I am, you are*), keine Unterscheidung zwischen den Verbformen der ersten und zweiten Person Singular, und es heißt beispielsweise *I go* und *you go*. In der dritten Person aber wird ans Ende des Verbs ein Suffix angehängt: *he goes* oder *she goes*. Bei deutschen Verben dagegen gibt es im Singular oft für jede Person eine andere Form: *ich gehe, du gehst, er/sie geht.* In den Berbersprachen, die in Marokko und den angrenzenden Ländern gesprochen werden, wird die Übereinstimmung zwischen Verb und Person teils durch Suffix, teils durch Präfix ausgedrückt. Die Verbform für die erste Person Singular hat das Suffix *gh*, während bei der zweiten Person vor dem Verbstamm ein Präfix *t* sowie dahinter ein Suffix *t* steht. Die dritte Person Singular hat in der männlichen Form das Präfix *y*, in der weiblichen das Präfix *t*. Als Christopher in Berber, einer ihm unbekannten Sprache, unterrichtet wurde, konnte er nach einer kurzen Erklärung und nur zwei entsprechenden Beispielen korrekte, nach den genannten Regeln variierende Verbformen erzeugen. Er machte sich mit Freude und Begeisterung an die Aufgabe und erfaßte die Formenlehre wesentlich besser als nichtbehinderte Vergleichsprobanden. Beim Erlernen von neuen Satzbauregeln allerdings machte er relativ viele Fehler und schnitt schlechter ab als die Vergleichsprobanden. Er neigte dazu, die grammatischen Parameter seiner Muttersprache auf Fremdsprachen zu übertragen, wo sie natürlich fehl am Platz waren.

Smith und Tsimpli brachten Christopher außerdem eine erfundene Kunstsprache bei. Ihre Beobachtungen dabei bestätigten, ebenso wie ihre übrigen Befunde, die Auffassung, daß seine sprachliche Stärke vor allem darin lag, sich in scheinbar unbegrenztem Umfang Wortschatz-Elemente einer neuen Sprache sowie ihre kleinsten bedeutungstragenden Einheiten, die Morpheme, anzueignen. Seine syntaktischen Fehler wiesen allerdings darauf hin, daß er eine neue Grammatik durch die Parameter seiner Muttersprache »filterte«. Dies blieb auch dann so, als er mit der neuen Sprache recht vertraut geworden war.

Wie können wir nun erklären, daß Christopher sich mit dem Aneignen neuer grammatischer Regeln schwertut, wo er doch vergleichbare Regeln seiner Muttersprache Englisch sicher anwendet? Und warum verfügt er über die außergewöhnliche Fähigkeit, neue Wörter sowie fremde Muster von Präfixen und Suffixen in offenbar unbegrenzter Zahl zu lernen, während er an den Feinheiten des Satzbaus scheitert? Zum Teil könnte es daran liegen, daß wir uns in der Kindheit, wenn wir Sprache verstehen und gebrauchen lernen, Wörter und Grammatik auf unterschiedlichen Wegen aneignen. Bezeichnungen für Dinge, Tätigkeiten, Ereignisse und Begriffe werden gewöhnlich durch Lernen erworben. Ein kleines Kind weiß nicht, was das Wort »Hund« bedeutet, solange es nicht einen Hund oder zumindest ein Bild von einem Hund sieht und dabei gesagt bekommt, daß dies ein Hund ist. Bei manchen Wörtern kann es sich auch erschließen, was sie bedeuten, wenn es sie im Zusammenhang hört. Doch obwohl kleine Kinder neue Wörter in einem hohen Tempo erlernen, können sie die allgemein verwendeten, zutreffenden Bezeichnungen für Dinge, mit denen sie nie zuvor zu tun hatten, nicht selbst generieren, also von sich aus bilden.

Bei der Grammatik aber ist das anders, denn sie ist ein »generatives« Regelsystem[1]. Der einflußreiche US-amerikanische Sprachwissenschaftler Noam Chomsky sagt, daß »Grammatik im Bewußtsein entsteht« und daß sich Kinder die Syntax nicht durch Lernen aneignen, sondern sie intuitiv generieren. Soweit wir wissen, läßt sich in jeder menschlichen Sprache eine unendliche Zahl von möglichen Sätzen bilden, die einer endlichen Zahl von Regeln folgen. Auch wenn die Regeln je nach Sprache und kulturellem Umfeld unterschiedlich aussehen, dienen sie doch stets ähnlichen Funktionen, unter anderem dem Feststellen, Fragen, Befehlen und Beschreiben. Laut Noam Chomsky gehört eine sprachliche Fähigkeit, die speziell auf den Satzbau gerichtet ist, zur genetischen Ausstattung eines jeden Menschen, ganz gleich, wo er geboren wird. Das heißt, das Regelwissen einer »Universalgrammatik« ist im menschlichen Gehirn »fest verdrahtet«, und sobald die syntaktischen Parameter einer Sprache einmal erfaßt sind, wird die intuitive Analyse und Erzeugung ebenso strukturierter neuer Äußerungen und ihrer Bedeutungen möglich.

---

[1] Das heißt ein System, durch dessen unbewußte Beherrschung der Sprecher in der Lage ist, alle in der betreffenden Sprache vorkommenden Äußerungen zu bilden und zu verstehen (siehe Duden). A. d. Ü.

In seinem Buch *Noam Chomsky: Ideas and Ideals* gelingt es Neil Smith, Chomskys recht komplexen Begriff einer »Universalgrammatik« klar und verständlich darzustellen. Chomsky glaubt, daß die Sprache ein genetisch gesteuertes System ist und daß in Geist und Gehirn eines jeden Kindes sämtliche syntaktischen Möglichkeiten schon im voraus angelegt sind. Das Kind muß somit, ganz gleich, in welchem sprachlichen Umfeld es aufwächst, nur die entsprechende »Weiche« stellen, woraufhin der Erwerb der entsprechenden syntaktischen Strukturen automatisch abläuft. Zum Beispiel ist die für das Englische und das Deutsche (im Gegensatz etwa zum Japanischen) übliche Wortstellung: Subjekt – Prädikat – Objekt (»Ich esse Fisch«). Wenn das Kind solche Wortfolgen hört, nimmt es die dazu passende Weichenstellung vor und ist nun in der Lage, regelgerechte Sätze wie »Ich will Eis« zu bilden, auch wenn es sie nie zuvor gehört hat. Sobald ein Kind die Bedeutung des Satzes »Ich mag das« entschlüsseln kann, sagt Smith, »stellt sich alles weitere Wissen über Satzstrukturen ganz von selbst ein«. Das Kind ist nun in der Lage, Äußerungen wie »Ich esse das« zu erzeugen. Englisch- oder deutschsprachig aufwachsende Kinder müssen sich somit zum Beispiel nicht »einprägen«, daß eine Präposition jeweils vor dem Objekt steht, wie in »in the house« oder »neben dem Baum«. Deshalb läuft der Erwerb der Syntax großenteils spontan und automatisch ab, sobald die Parameter der Muttersprache einmal gesetzt sind.

Wenn wir uns allerdings später im Leben daranmachen, eine neue Sprache zu lernen, müssen wir die syntaktischen Regeln und Parameter, die wir uns bei unserer Muttersprache noch intuitiv angeeignet hatten, neu einstellen. Die Zweitsprache verlangt, daß wir uns grammatische Regeln und ihre Anwendung bewußt zu eigen machen. Das Erlernen der Zweitsprache ist also von dem der Erstsprache qualitativ verschieden. Man muß sozusagen eine »neue Software« einlegen, um das fest verdrahtete »Programm« der Kindheit durch ein anderes zu ersetzen. Dies fällt Christopher offenbar schwer.

Andererseits scheint seine Fähigkeit, neue Wörter und morphologische Beziehungen (also Zusammenhänge zwischen den Mikroelementen einer Struktur) rasch und in scheinbar unbegrenztem Umfang zu erlernen, in Prozessen zu gründen, die ähnlich mühelos ablaufen wie beim Mutterspracherwerb des Kleinkinds. Das Besondere an Christophers Sprachtalent ist, daß er sogleich, wenn er ein Wort in einer Sprache vor sich hat, direkt und automatisch auf dessen Entsprechungen in allen ihm geläufigen anderen Sprachen zugreifen kann. Er kann alle diese Wörter gleichsam aus einem inneren vielsprachigen Lexikon »ablesen«. Möglicherweise läßt sich Christophers besondere Fähigkeit, geschlossene verbale und morphologische Einheiten geradewegs und mühelos abzurufen, zumindest teilweise damit erklären, daß er sich einer kognitiven Strategie bedient, wie man sie typischerweise beim Autismus und beim Asperger-Syndrom findet. Das heißt, er konzentriert sich eher auf kleine Einzelelemente anstatt auf die strukturellen und semantischen Aspekte einer neuen Sprache. Dies führt dazu, daß er Wort für Wort übersetzt und die englische Satzstellung auf andere Sprachen überträgt. Smith und Tsimpli geben dafür folgendes Beispiel. Christopher sollte die Frage »Who can speak German?« ins Deutsche übersetzen und behielt in seiner Antwort die englische Satzstellung bei: »Wer kann sprechen Deutsch?« Seine offenbar grenzenlose Fähigkeit, einen neuen Wortschatz in sich aufzunehmen, steht also im Gegensatz zu seiner eingeengten Fähigkeit, neue grammatische Parameter zu setzen. Die Bausteine seiner erstaunlichen Fremdsprachenbegabung sind einzelne Wörter.

Die andere Frage ist, zu welchem Zweck Christopher sein herausragendes Sprachtalent einsetzt. Es geht ihm weder um die Verständigung mit anderen Menschen noch um das Ausdrücken von Gedanken und Beobachtungen, also um die hauptsächlichen Zwecke, denen Sprache im allgemeinen dient. Sein Ziel bei der Aneignung von neuen Sprachen ist einfach die Aneignung selbst, der er sich mit begeistertem Interesse und großer Freude widmet. Wie bei anderen Savants, die eine Begabung für Musik, Kalenderberechnungen, Kunst und so weiter haben, ist auch bei Christopher zu sehen, daß sein Talent nicht auf einem einzigen, einheitlichen Funktionsaspekt beruht, sondern in »Sub-Universen« aufgegliedert ist. Diese Ausdifferenzierung, auf die wir bei der Analyse geistiger Operationen stoßen, tritt bei Savants besonders deutlich hervor. Die Arbeit mit Savants könnte uns also zu weitreichende Einsichten eröffnen, was Begabung überhaupt ist und wie bestimmte Funktionsbereiche des menschlichen Geistes aufgebaut sind.

# Kapitel 6: Kalenderberechnungen

»Was ist Zeit?« fragte Augustinus. Dem Fluß der Zeit eine Struktur zu geben war seit jeher ein Anliegen des Menschen. In der Steinzeit und noch lange danach diente der Mond als das Leitgestirn für die Zeitmessung. Davon erzählt David Ewing Duncan in seinem anschaulich geschriebenen Buch *Der Kalender: Auf der Suche nach der richtigen Zeit*. Der Mond durchläuft die Phasen von einem Neumond zum nächsten in einem Zeitabschnitt, der zwischen 29 und 30 Tagen dauert, genau gesagt 29,53 Tage. Folglich hat ein Mondjahr mit zwölf Monaten 354,36 Tage. Die Griechen, die wie andere Kulturen der Antike einen Mondkalender mit 354 Tagen pro Jahr verwendeten, mußten alle acht Jahre 90 Tage einschalten, um die sich aufsummierende Ungenauigkeit auszugleichen.

In Ägypten aber, wo eine der frühesten Zivilisationen entstand, nahm man schon 4000 v. Chr. die Sonne als Leitgestirn und fand heraus, daß das Sonnenjahr fast genau 365 Tage umfaßte. Die Ägypter führten einen Kalender mit zwölf Monaten von jeweils 30 Tagen ein, und laut dem Mythos fügte der Gott Thoth dem Jahr fünf Schalttage an, an denen die Geburt verschiedener Götter gefeiert wurde. Thoth war für die Zeitmessung und den Kalender zuständig, und er war auch der Herrscher über die heiligen Ibisse, die mit der jährlichen Nilflut, dem wichtigsten Ereignis eines jeden Jahres, erschienen und wieder verschwanden. Die Zeit wurde nach der Zahl der Fluten, die stets von gro-

ßen Schwärmen von Ibissen begleitet waren, in Jahre eingeteilt. Die Regelmäßigkeit, mit der die Nilflut ihren Höchst-
stand erreichte, bestimmte den Lebenskreislauf in Ägypten
und bot einen natürlichen Anhaltspunkt für die kalendarische Zeitmessung. Die ägyptischen Astrologen erkannten
schließlich, daß das Sonnenjahr eigentlich ein wenig länger
ist als 365 Tage, und fügten dem Jahr noch einen Vierteltag
hinzu.

Als Julius Cäsar nach Ägypten kam, wo er während seines
langen Aufenthalts eine Liebesaffäre mit Kleopatra hatte,
lernte er den ägyptischen Sonnenkalender kennen. Er erkannte, daß die Sonne für die Erde der beste Chronometer
ist. Zurück in Rom veranlaßte er die Umstellung vom bishe-
rigen römischen Mondkalender auf den Sonnenkalender,
der nach einigen Modifikationen zum genauesten Kalender
wurde, den es damals gab. Cäsar verlegte den Jahresbeginn
vom März auf den Januar. Sein Kalender umfaßte zwölf
Monate von abwechselnd 30 und 31 Tagen, und er führte
Schaltjahre ein. In seinem System hatte der Februar in
einem normalen Jahr 29 und in einem Schaltjahr 30 Tage.
Wie wir wissen, wurde dies bald darauf noch einmal abgeän-
dert. Im Jahr 312 n. Chr. führte Kaiser Konstantin weitere
Neuerungen ein, unter anderem ein festes Datum, an dem
man die Geburt Christi beging (Weihnachten). Ostern dagegen blieb ein beweglicher Festtag, der weiterhin entsprechend dem jüdischen Mondkalender festgelegt wurde.
Doch abgesehen von kleineren Korrekturen und Modifikationen blieb der Julianische Kalender in Kraft, bis Papst Gregor XIII. ihn im Jahr 1582 noch einmal reformierte.

Wegen der allmählichen Verschiebung des Kalenderjah-
res sah Cäsar zwar vor, daß alle 125 Jahre ein zusätzlicher
Tag eingefügt wurde. Im sechzehnten Jahrhundert aber
hinkte die Jahreszählung dem eigentlichen Zyklus der Jah-

reszeiten mittlerweile zehn Tage hinterher. Gregor strich diese zehn Tage auf einen Schlag, indem er in einer päpstlichen Bulle verordnete, daß auf den 4. Oktober 1582 der 15. Oktober folgte. Bald übernahmen die meisten europäischen Länder den Gregorianischen Kalender. Großbritannien und die amerikanischen Kolonien akzeptierten ihn freilich erst 1752. Unser gegenwärtiger Gregorianischer Kalender unterliegt noch immer einer leichten Verschiebung und Ungenauigkeit, denn er geht in bezug auf das tatsächliche Jahr um rund 26 Sekunden vor. Im Jahr 4909 wird der Gregorianische Kalender dem Sonnenjahr um einen ganzen Tag voraus sein.

Ich hoffe, aus diesem stark verkürzten Abriß zur Geschichte unseres Kalenders wird deutlich, wie sehr die Menschen schon immer um eine klare Strukturierung der Zeit bemüht waren. Bei Savants ist die Beschäftigung mit dem Kalender in ihrer Extremform zu beobachten, und Kalenderrechnen dürfte die bei Savants am häufigsten zu findende Fähigkeit sein. In einem kürzlich erschienenen Literaturüberblick stellte Leon Miller fest, daß mehr als doppelt so viele Berichte über Kalender-Savants vorliegen wie über musikalisch oder künstlerisch begabte Savants. Kalender-Savants können meist in Sekundenschnelle bestimmen, auf welchen Wochentag ein Datum fiel oder fallen wird. Sie sind äußerst interessiert an kalendarischen Daten, und wenn sie jemandem begegnen, ist die erste Frage oft nicht: »Wie heißt du?«, sondern: »Wann hast du Geburtstag?« Das ist für sie die wichtigste Information über andere Menschen. Im Laufe ihrer Zusammenarbeit mit Linda Pring und mir begegnete Lisa Heavey einmal einem Kalender-Savant, der erst dann mit ihr arbeiten wollte, als sie ihm zuvor Auskünfte nicht nur über sich selbst, sondern auch über sämtliche Mitglieder ihrer Familie gab. »Wann hat deine Schwester Geburtstag?« fragte er. »Und ist sie verheiratet?« Als sie das bejahte, wollte er wissen, wann der Ehemann Geburtstag hatte und wie alt er war. Sie sagte es ihm, und er verkündete, daß ihr Schwager an einem Samstag geboren sei. Erst als er Auskunft über die Geburtstage sämtlicher Familienmitglieder erhalten hatte, war er bereit, mit Lisa Heavey zu kooperieren. Bei späteren Besuchen im Laufe der folgenden Jahre konnte er sich stets noch an alle diese Geburtstage erinnern.

Natürlich können nicht nur für Savants, sondern für jeden Menschen bestimmte Daten und Zeitpunkte bedeutsam werden. So läßt der Krimiautor Colin Dexter seinen Oxforder Detektiv Inspector Morse, der mit einem besonders kniffligen Kriminalfall befaßt ist, sinnieren: Eine plötzlich aufblitzende Einsicht, in der die Zeitebenen ineinanderfließen, ist zwar mehr als nur die Summe ihrer Teile, aber für eine Lösung seines Problems ist es wohl notwendig, auf ganz spezifische Zeitelemente wie bestimmte Tage und Daten zu achten. Für den Inspektor allerdings dient das Achten auf Daten einem bestimmten Zweck, während es für Savants ein Selbstzweck ist.

Die Begabung eines Kalender-Savant tritt meist spontan in der Kindheit zutage. Eine Mutter erzählte uns, daß ihr damals achtjähriger Sohn auf der Heimfahrt aus dem Urlaub darauf hinwies, daß sie drei Jahre zuvor an demselben Restaurant gehalten hätten, »und das war am 29. Juli, an einem Donnerstag«. Wenn man diesen Savant heute zum Beispiel fragt: »Was für ein Wochentag war der 2. Januar 1876?«, liefert er sekundenschnell die richtige Antwort. Als wir ihn fragten, wie er das denn hinbekomme, erwiderte er: »Ich weiß es einfach.« Manche Kalender-Savants geben ihre Antwort unverzüglich, manche benötigen dafür bei weiter entfernten Daten 20 bis 30 Sekunden oder länger. Auch die

Zeitspanne, innerhalb deren sie rechnen können, fällt sehr unterschiedlich aus. Bei einigen umfaßt sie kaum mehr als fünf Jahre. Die meisten Kalender-Savants können mit Daten im gegenwärtigen sowie im vorherigen und künftigen Jahrhundert umgehen. In selteneren Fällen erstreckt sich die Rechenspanne über viele Hunderte oder gar Tausende von Jahren.

Wie gehen die Savants vor? Bei nichtbehinderten Menschen ist die Fähigkeit zu solchen Kalenderberechnungen sehr selten, auch wenn sie ab und zu vorkommt. Neil O'Connor und ich lernten einmal einen australischen Gastprofessor und Historiker kennen, der uns erzählte, wie er als Junge mit seinem Vater ein Spiel spielte, bei dem der eine ein bestimmtes Datum nannte und der andere dann rasch den zugehörigen Wochentag nennen mußte. Die Rechenspanne umfaßte mehrere hundert Jahre, obwohl der Vater ihm nie irgendwelche expliziten Spielregeln beibrachte. Der Professor konnte sich auch nicht daran erinnern, daß er das Kalenderrechnen jemals gezielt geübt hätte. Ebenso wie die Savants gab er an, daß er es als Kind ganz einfach irgendwann konnte. Das frühe Interesse am Phänomen der Zeit spielte später eine wesentliche Rolle für seine Entscheidung, Geschichte zu studieren. Dies ist aber ein sehr seltener Fall. Vermutlich kennen viele von Ihnen ganz gewöhnliche Menschen, die ein Instrument spielen, gut zeichnen oder besonders gut rechnen können, doch haben Sie jemals jemanden getroffen, der virtuos mit Kalenderdaten umgehen konnte? Wenn viele Savants derart fasziniert vom Kalender sind, was sagt uns das über ihr Bewußtsein und ihr Denken?

Wie am Anfang des Kapitels erläutert, ist unser Kalender ein streng gegliedertes, in sich geschlossenes und von Regeln und Wiederholungen geprägtes System. Neil O'Connor und ich hielten es für denkbar, daß sich manche Autisten, die ein Interesse für Kalenderdaten zeigen und außerdem über gewisse, wenn auch nicht unbedingt umfassende rechnerische Fähigkeiten verfügen, von genau diesen Merkmalen des Kalenders angesprochen fühlen. Man könnte die These wagen, daß manche seiner Merkmale bestimmten dominanten Zügen der autistischen Kognition entsprechen. Dies könnte der Grund dafür sein, daß ein System wie der Kalender, das eine starre Struktur hat und von sich wiederholenden Elementen und Regeln bestimmt ist, auf Autisten einen besonderen Reiz ausübt. Wäre es möglich, daß Kalender-Savants die Regeln und immer wiederkehrenden Strukturen des Kalenders herausfiltern, wenn auch nicht notwendigerweise bewußt, und sie sich dann für ihre Berechnungen zunutze machen? Eine solche Hypothese hatte bis dahin niemand aufgestellt oder gar überprüft.

Manche Forscher hatten angenommen, daß bei den Fähigkeiten von Kalender-Savants innere Bilder eine Rolle spielen könnten. Demnach würde ein Savant einfach immer wieder und über sehr lange Zeit hin Kalender betrachten und sich die betreffenden Informationen in Form von Bildern merken. In manchen Fällen mag das so sein, doch eine allgemeingültige Erklärung läßt sich daraus nicht ableiten, da es von Geburt an blinde Kalender-Savants gibt. Einer von ihnen gehörte der Gruppe an, die Neil O'Connor und ich untersuchten.

Eine einleuchtendere Vermutung ist, daß Savants sich der Strategie bedienen, »Ankerdaten« oder »Referenzpunkte« zu setzen. Beispielsweise könnte es sein, daß ein Savant sich merkt, auf welchen Wochentag im laufenden Jahr ein Geburtstag, das Weihnachtsfest oder ein Ferienbeginn fällt, und dieses Datum dann zum Ausgangspunkt für weitere Berechnungen nimmt. Solche Ankerdaten sind zweifellos von Bedeutung, und der erwähnte Geschichtsprofessor sagte, daß er sich heute als Erwachsener derartiger Referenzpunkte bedient. Er wußte das Datum und den Wochentag, an dem Präsident John F. Kennedy einige Jahre zuvor erschossen worden war, und rechnete von dort aus vorwärts oder rückwärts. Solche präzisen, auf bestimmte Ereignisse bezogenen Erinnerungen lassen sich auch bei manchen Kalender-Savants feststellen, so daß die Annahme plausibel erscheint, daß sie bei ihren Berechnungen tatsächlich auf Referenzdaten zurückgreifen.

Eine weitere gern geäußerte Erklärung für Kalenderbegabungen geht einfach von dem Gedanken aus, daß das Gedächtnis durch ausgiebiges Üben gestärkt wird. Allerdings entdeckte der Psychologe W. A. Horwitz, der ein berühmtes Savant-Zwillingspaar untersuchte, daß einer der beiden die Wochentage für einen Zeitraum von fast 40 000 Jahren angeben konnte. Diese Zeitspanne ist bei weitem zu groß, als daß er sich die betreffenden Einzelinformationen durch das Studieren von Kalendern und durch Üben und Memorieren hätte aneignen können. Dennoch favorisieren nach wie vor viele Wissenschaftler die Hypothese, daß Kalender-Savants sich auf ein Gedächtnis für Einzeldaten stützen, das sie durch ausgiebiges Üben trainieren. Zum Beispiel lernte in einer Studie von Anders Ericsson und seinen Mitarbeitern eine Gruppe von Studenten einfach durch ausgiebiges und langes Üben und Memorieren, Kalenderdaten zu berechnen. Doch daraus läßt sich natürlich nicht schließen, daß die Fähigkeiten von Savants sich auf ähnlichem Wege entwickeln. Daß Studenten eine Fertigkeit durch ausgiebiges Memorieren erwerben können, bedeutet nicht, daß die Kalender-Savants oder irgendwelche anderen Menschen mit einem naturgegebenen Talent ihre Fähigkeiten mit Hilfe derselben Strategien entfalten. Die meisten von uns können durch Unterricht und viel gezieltes Üben lernen, perspektivisch zu zeichnen oder auf dem Klavier ein Musikstück zu spielen. Wer aber ein besonderes Talent dafür hat, bringt das spontan zuwege, auch wenn er seine Leistung natürlich durch Üben weiter verbessern kann. Wir sollten also von den erwähnten Faktoren, die möglicherweise zu einer herausragenden Leistung beitragen, keinen außer acht lassen. Sie bieten aber keine hinreichende und verläßliche Erklärung dafür, welche grundlegenden geistigen Prozesse beteiligt sind. Um diesen Prozessen auf die Spur zu kommen, müssen wir Gruppen von Menschen untersuchen, die eine besondere Fähigkeit für Kalenderberechnungen haben, und Kontrollbedingungen einführen, die andere Tätigkeiten erfassen. Nur so sind wir nachher in der Lage, zu entscheiden, ob wir für unsere Erklärungsversuche eine gewisse Allgemeingültigkeit beanspruchen können.

Sieben der acht Kalender-Savants in unserer Gruppe waren als autistisch diagnostiziert worden, und das Verhalten des achten trug stark autistische Züge. Die IQs reichten von 38 bis 88, das heißt von einer schweren geistigen Behinderung bis zu einem Wert im unteren Durchschnittsbereich. Um Einblick in die kognitiven Abläufe zu gewinnen, die ihren Kalenderberechnungen zugrunde lagen, überprüften wir erstens, ob sie für Daten, die von der Gegenwart weiter entfernt waren, länger brauchen würden als für Daten, die näher an der Gegenwart lagen. Zweitens wollten wir wissen, ob sie sich im Umgang mit zukünftigen Daten, bei denen die Wahrscheinlichkeit von Übungseffekten geringer war, schwerer tun und länger brauchen würden als bei Daten aus der Vergangenheit. Schließlich überprüften wir die Hypothese, daß sie Berechnungen für das laufende Jahr rascher bewältigen würden als für vergangene oder künftige Jahre. Wir stellten unseren Studienteilnehmern Fragen wie:

»Auf welchen Wochentag fiel der 15. Februar 1983?« (dies war das aktuelle Jahr), »Was für ein Wochentag war der 2. September 1963?« oder »Was für ein Wochentag wird der 20. Juli 1986 sein?« Alle abgefragten Daten bezogen sich auf das zwanzigste Jahrhundert, und zwar auf die Jahre 1963, 1973, 1983 (das Jahr der Studie), 1986 und 1993.

Die drei Fragestellungen der Studie führten zu folgenden Ergebnissen: Erstens brauchten die Probanden für Daten des laufenden Jahres viel weniger Zeit als für Daten aus vergangenen oder künftigen Jahren und nannten die Wochentage für 1983 fast ohne Verzögerung. Zweitens benötigten sie für Berechnungen zu vergangenen und künftigen Jahren um so länger, je größer der zeitliche Abstand zur Gegenwart war. Drittens brauchten sie, obwohl die künftigen Jahre von der Gegenwart weniger weit entfernt waren (drei und zehn Jahre) als die vergangenen (zehn und 20 Jahre), für die künftigen Daten ebensoviel Zeit wie für die in der Vergangenheit liegenden. Obwohl also alle Daten im aktuellen Jahrhundert und damit innerhalb ihrer Rechenspanne lagen, dauerten die Berechnungen länger, wenn es um zukünftige Jahre ging.

Wir zogen aus diesen Resultaten den Schluß, daß die Savants mit dem laufenden Kalenderjahr wohl so vertraut waren, daß sie wenig oder gar nicht rechnen mußten, um darin Tage zu bestimmen. Die meisten schienen in der Lage zu sein, direkt auf die entsprechenden Paarungen aus Daten und Wochentagen zuzugreifen. Hier traf es wirklich zu, daß sie »einfach wußten«, auf welchen Wochentag ein Datum fiel, und diese Information rasch aus dem Gedächtnis abrufen konnten. Daß sie näher an der Gegenwart liegende Daten rascher verarbeiteten, könnte bedeuten, daß sie mit ihrer Suche im Gedächtnisspeicher in der Gegenwart begannen, um dann in der Zeit rückwärts oder vorwärts zu gehen.

Eine andere Erklärung wäre, daß sie für weiter entfernte Daten mehr Zeit zum Rechnen benötigten. Das aufschlußreichste Ergebnis aber dürfte sein, daß sie für Daten, die 20 Jahre in die Vergangenheit zurückreichten, ungefähr ebenso lange brauchten wie für Daten, die nur zehn Jahre in der Zukunft lagen. Wir deuteten das so, daß sie für künftige Daten mehr Zeit benötigten, weil bei diesen die Wahrscheinlichkeit wesentlich geringer war, daß sie sie jemals eingeübt und memoriert hatten. Sie mußten sie ad hoc berechnen. Da die Savants dazu imstande waren, ist davon auszugehen, daß die Fähigkeiten von Kalender-Savants nur zum Teil auf Vertrautheit mit dem Kalender und Übung beruhen und daß auch andere Prozesse beteiligt sein müssen.

Die Struktur des Kalenders erlaubt es, Formeln, Algorithmen, Tabellen, immerwährende Kalender und, in jüngerer Zeit, Computerprogramme zu erstellen, anhand deren man einem vergangenen oder künftigen Datum rasch den Wochentag zuordnen kann. Die Bestimmungsmethoden sind gewöhnlich detailreich und recht kompliziert, und man kann sie in Enzyklopädien und Almanachen nachschlagen. Es ist aber, und darüber besteht in der Forschung allgemeine Einigkeit, aus zwei Hauptgründen unwahrscheinlich, daß sich Kalender-Savants auf Methoden stützen, die sie Büchern oder anderen Veröffentlichungen entnehmen. Erstens kann man davon ausgehen, daß von unseren Probanden, die alle geistig behindert waren und in Heimen oder anderen Einrichtungen lebten, die meisten keinen Zugang zu solchen Veröffentlichungen hatten. Noch wichtiger ist der zweite Grund: Die Beherrschung der entsprechenden Formeln setzt voraus, daß jemand über eine Befähigung zum Lesen, Verstehen, Lernen und Rechnen verfügt, die über diejenige der meisten, wenn auch nicht aller Savants hinausgeht. Wie wir im folgenden sehen werden, können manche Savants tatsächlich außerordentlich gut mit Zahlen umgehen, doch die meisten verfügen nur über sehr elementare rechnerische Fertigkeiten.

Einige Beobachtungen im Laufe unserer Studie wiesen allerdings darauf hin, daß bei den Rechenleistungen der Savants bestimmte Strukturregeln des Kalenders eine Rolle spielen könnten. So sagten zwei der Savants, von denen der eine den höchsten und der andere den niedrigsten IQ der Gruppe hatte, irgendwann spontan: »Der erste April und der erste Juli sind am selben Wochentag« und »Nach 28 Jahren wiederholt es sich«. Es hing also offenbar nicht vom Intelligenzniveau der Probanden ab, ob sie sich dieser Regeln bewußt waren.

Der Kalender ist ein Instrument, dessen Struktur von Gesetzmäßigkeiten, Entsprechungen und Wiederholungen geprägt ist. Zum Beispiel wiederholt sich seine Struktur alle 28 und alle 400 Jahre exakt. Das heißt, wenn ein Datum in einem Jahr auf einen Montag fällt, wird es nach 28 Jahren wieder auf einen Montag fallen. Außerdem ist die Abfolge der Wochentage in bestimmten Monatspaaren immer identisch. März und November bilden ein solches Paar, ebenso wie April und Juli oder September und Dezember, und in Nicht-Schaltjahren natürlich auch Februar und März. Fällt also der 11. März auf einen Dienstag, ist auch der 11. November ein Dienstag.

In unserer Studie hatten wir festgestellt, daß die Savants für Daten, die weiter entfernt von der Gegenwart lagen, länger brauchten und daß dabei Daten in der Zukunft mehr Zeit erforderten als solche in der Vergangenheit. In unserer nächsten Studie prüften wir, ob das Rechnen mit Daten, die 28 Jahre in der Vergangenheit oder Zukunft lagen, länger dauern würde als mit Daten, die nicht so weit entfernt

waren. Die Alternativhypothese war, daß die Berechnungszeit kürzer ausfallen würde, falls sich die Savants die 28-
Jahre-Regel zunutze machten. Wir befanden uns im Jahr
1984, und die 28 Jahre entfernten Jahre waren also 2012 und
1956. Die anderen Testdaten lagen näher bei 1984, nämlich
in den Jahren 2002 und 1966.

Wir stellten fest, daß das 28-Jahres-Intervall zwischen
identisch aufgebauten Jahren auf das Berechnen zurücklie-
gender Daten keinen Einfluß hatte. Das heißt, für die Daten
des Jahres 1956 brauchten die Savants länger als für die des
Jahres 1966. Dies entspricht den Resultaten der vorherigen
Studie. Zumindest für eine bestimmte Zeitspanne scheint
entweder zu gelten, daß bei Daten aus der Vergangenheit
eine im Gedächtnis nach rückwärts laufende Suche in Gang
kommt, die um so länger dauert, je weiter die Daten zurück-
liegen, oder daß Berechnungen angestellt werden, die um so
mehr Zeit in Anspruch nehmen, je weiter die Daten entfernt
sind. Bei den in der Zukunft liegenden Daten kam allerdings ein anderes Muster zum Vorschein. Sie waren offenbar nicht im Gedächtnis gespeichert, sondern mußten
berechnet werden. Bei den Daten des Jahres 2002 dauerte
das recht lange. Die noch weiter (28 Jahre) in der Zukunft
liegenden Daten des Jahres 2012 aber konnten die Savants
ebenso rasch zuordnen wie die Daten aus dem laufenden
Jahr. Die strukturelle Übereinstimmung zwischen diesen
zwei Jahren schlug sich in Antwortzeiten nieder, die nur ein
Drittel der Zeiten für das Jahr 2002 betrugen. Wir schlossen
daraus, daß die meisten der Savants, obwohl sie die 28-Jah-
res-Regel nicht in Worte fassen konnten, bei ihren Berechnungen auf diese Gesetzmäßigkeit zurückgegriffen hatten.

Als nächstes prüften wir, ob die Savants sich den Um-
stand zunutze machen, daß in bestimmten Monatspaaren
die Wochentage auf dieselben Daten fallen. Solche Monate

sind, wie bereits ausgeführt, März und November, April und Juli sowie September und Dezember. Wir stellten Aufgaben, die sich jeweils auf diese Monatspaare bezogen, und verglichen dabei die Berechnungszeit, die für das zweite Glied eines Datenpaares benötigt wurde, mit der für das erste Glied des Paares erforderlichen Zeit, also zum Beispiel die Zeiten, die ein Proband für das Zuordnen des Wochentages zum 6. November und anschließend zum 6. März brauchte. Dieselben Vergleiche stellten wir für Monate mit nicht-identischer Struktur an und ließen zum Beispiel den Wochentag des 14. Oktober und daraufhin des 14. August bestimmen. Alle Daten bezogen sich auf das aktuelle Jahr.

Es zeigte sich, daß bei identisch aufgebauten Monaten das Zuordnen des Wochentages zum zweiten Glied eines Datenpaares deutlich schneller ablief. Bei nicht-identischer Struktur der Monate dagegen brauchten die Savants beim zweiten Glied eines Datenpaares länger als beim ersten, um ihm einen Wochentag zuzuordnen. Offenbar überprüften sie also jeweils in einem ersten Schritt, ob die Monate gleich strukturiert waren. Falls sich dies bestätigte, konnten sie den Wochentag für das zweite Glied des Datenpaares auf der Stelle nennen. Stellten sie dagegen fest, daß die Monate unterschiedlich aufgebaut waren, mußten sie jedes Datum gesondert berechnen. Folglich war die Berechnungszeit, wenn sich die Antwort aus einer Kalenderregel ableiten ließ, kürzer als in den Fällen, in denen die Regel nicht anwendbar war.

Das nächste Experiment bezog sich auf eine komplexere Kalenderregel. Im Jahre 1986 fiel der 1. Januar auf einen Mittwoch. Im folgenden Jahr fiel er auf einen Donnerstag, im vorangegangenen auf einen Dienstag. Daß der erste Tag des folgenden Jahres um einen Wochentag vorrückt und der erste Tag des vorherigen Jahres um einen Wochentag nach hinten verschoben ist, gilt freilich nur, solange kein Schaltjahr im Spiel ist. Wir wollten untersuchen, ob unsere Savants sich dieses Verschiebungsmusters bewußt waren. Wir zeigten ihnen eine Tafel, die wir ihnen auch vorlasen. Darauf waren in vier Zeilen die sieben Wochentage von Montag bis Sonntag nacheinander aufgelistet. Dies stellte für vier aufeinanderfolgende Jahre jeweils die Woche dar, in der das Jahr anfing (im ersten an einem Montag, im zweiten an einem Dienstag, usw.).

Wir sagten dann zu dem Probanden: »Schau dir diese Karte an. Wir wollen so tun, als würde es keine Schaltjahre geben. Wenn das so wäre, mit welchem Wochentag würde dann das nächste Jahr [also das fünfte] anfangen?« und »Auf welchen Wochentag fiel der Beginn des Jahres, das vor dem Jahr in der obersten Zeile kommt?«

Die Aufgabe machte den Savants Mühe, und nur vier von den acht vermochten sie zu lösen. Interessanterweise hatten diese vier auch die höchsten IQs der Gruppe, mit Werten zwischen 88 und 56. Die IQs der vier anderen, die mit der Aufgabe nicht zurechtkamen, lagen alle unter 50, und ihr geistiger Entwicklungsstand entsprach allenfalls dem eines nichtbehinderten siebeneinhalbjährigen Kindes. Wir müssen uns also fragen, was die Aufgabe schwieriger machte als die zwei vorherigen, die sich auf die identische Struktur bestimmter Jahre und Monate bezogen hatten. In den zwei Studien hatten wir uns darauf konzentriert, daß Jahre, die 28 Jahre auseinanderliegen, sowie bestimmte Paare von Monaten gleich aufgebaut sind, so daß identische Daten immer auf dieselben Wochentage fallen. Nun aber war es erforderlich, ein »Verschiebungsmuster« abzuleiten. Obwohl die Verschiebung einer Regel folgte, waren die weniger intelligenten Savants überfordert. Abgesehen vom Intelligenzniveau dürften dabei auch die typischen Merkmale des Autismus eine Rolle gespielt haben. Ich habe angedeutet, daß die starren, sich wiederholenden, vorhersagbaren Strukturen des Kalenders manche Autisten vielleicht deshalb so ansprechen, weil ihr Verhalten von ganz ähnlichen Kennzeichen geprägt ist. Wenn ein Autist nicht über eine gewisse Mindestintelligenz verfügt, ist er möglicherweise nicht flexibel genug, um sich eine Regel, die eine veränderliche Struktur beschreibt, erschließen zu können. Allerdings darf man nicht vergessen, daß die Savants, die der Aufgabe nicht gewachsen waren, Kalenderberechnungen ebensogut wie die anderen durchführen konnten. Ohne eine implizite Kenntnis des jährlichen Verschiebungsmusters wären ihre Berechnungen fehlerhaft gewesen. Bei diesen Savants mußte es einen Unterschied geben zwischen einem impliziten Wissen, das sie für ihre Berechnungen nutzten, und einem anderen Wissen, das mit einer speziellen Anforderung der Aufgabe zusammenhing, aber mit den Berechnungen nichts zu tun hatte.

In einer letzten Studie mit Kalender-Savants, die Neil O'Connor und ich durchführten, kamen wir auf unsere Anfangshypothese zurück, daß eine Kalenderbegabung nicht einfach nur auf einem langen, ausgiebigen, auf Leistungssteigerung gerichteten Üben beruhen konnte. (Wie erwähnt behaupten einige einflußreiche Psychologen sogar, es gebe keinerlei Grund zu der Annahme, so etwas wie angeborene Prädispositionen und bereichsspezifische Leistungspotentiale, das heißt Talente, würde überhaupt existieren.) Damit ein Talent in Höchstleistungen mündet, muß der Betreffende allerdings hart und ausdauernd an sich arbeiten und zu solchem Eifer genügend motiviert sein. Übung allein reicht aber nicht aus, vor allem nicht bei Savants.

Wir hatten zwei zehnjährige Jungen kennengelernt, die beide über ähnliche Fähigkeiten zu Kalenderberechnungen zu verfügen schienen, wie wir sie bei den älteren Savants gefunden hatten. Bei dem ersten Jungen war Autismus diagnostiziert worden. Seine Mutter hatte sich in der Frühphase der Schwangerschaft mit Röteln angesteckt, was bei ihm möglicherweise zu einer angeborenen Dysfunktion des Gehirns führte. Er fing erst mit viereinhalb Jahren zu sprechen an, zeigte aber ein außergewöhnlich starkes Interesse an Zahlen und Rechnen. Sein nichtsprachlicher IQ in visuell-räumlichen Tests betrug 90, lag also im unteren Durchschnittsbereich, während seine sprachlichen Fähigkeiten weit dahinter zurückblieben. Er besuchte eine Sonderschule für geistig behinderte Kinder, weil er an einer Normalschule nicht zurechtgekommen war. Wir stellten aber fest, daß seine Fähigkeiten im Umgang mit Zahlen phänomenal waren. Als uns dies zum erstenmal klar wurde, erklärten wir ihm die Grundprinzipien des Wurzelziehens, die ihm bis dahin unbekannt waren. Daraufhin machte er sich sogleich an eine Reihe von Aufgaben zum Wurzelziehen und löste sie rasch und korrekt.

Die Intelligenzstruktur des zweiten Jungen glich der des ersten. Er ging zwar auf eine Normalschule, doch es hieß, er sei unaufmerksam und leicht ablenkbar, störe oft den Unterricht und weise einige typisch autistische Verhaltensmerkmale auf. Er hatte keine Freunde und spielte nicht mit anderen Kindern. Er hatte zwar nie direkt die Diagnose Autismus erhalten, doch würde man bei ihm heute vermutlich von einer Störung des autistischen Spektrums sprechen. Seine schulischen Fortschritte blieben weit hinter denen seiner Altersgenossen zurück, doch immerhin konnte er lesen. Er zeigte ein ausgesprochen großes Interesse an Kalendern, doch über seine entsprechenden Fähigkeiten lagen, wie bei dem ersten Jungen, ausschließlich anekdotische Berichte vor. Bis dahin war bei keinem der beiden Jungen die Kalenderbegabung systematisch untersucht worden.

Wir führten über einen Zeitraum von anderthalb Jahren mit beiden Jungen mehrmals Tests durch, um herauszufinden, ob ihre Fähigkeiten sich von denen der zuvor untersuchten Savants unterschieden und ob ihre Leistungen sich im Laufe der Zeit in irgendeiner Weise steigerten. Natürlich hätte es sein können, daß sie das Berechnen von Kalenderdaten vor dem Beginn unserer Studie durch Übung erlernt hatten, aber aufgrund ihres Alters war es zumindest unwahrscheinlich, daß sie dabei sehr systematisch vorgegangen waren oder über einen langen Zeitraum hinweg geübt hatten.

Wir ließen sie zunächst die Wochentage für Daten des aktuellen Jahres bestimmen und legten ihnen dann Daten vor, die zehn und 28 Jahre in die Vergangenheit sowie zehn und 28 Jahre in die Zukunft reichten. Am schnellsten waren beide Jungen, wenn es um Daten des laufenden Jahres ging, wobei der Junge, bei dem die Diagnose Autismus gesichert war, wesentlich weniger Zeit benötigte als der andere. Wie die älteren zuvor getesteten Savants brauchte er im Durchschnitt nur 2,7 Sekunden, der andere Junge dagegen 7,2 Sekunden. Die Jungen unterschieden sich auch in ihren allgemeinen Antwortmustern. Der autistische Junge antwortete durchweg sehr schnell, und der zeitliche Abstand der Daten von der Gegenwart oder die 28-Jahre-Regel hatten offenbar keinen bedeutsamen Einfluß auf seine Reaktionsgeschwindigkeit. Er war sogar schneller als die meisten Erwachsenen, die an den vorherigen Studien teilgenommen hatten, und brauchte für sämtliche Kalenderdaten im Durchschnitt nur wenig mehr als drei Sekunden. Denkbar wäre also, daß bei ihm gar kein Spielraum für eine weitere Steigerung der Geschwindigkeit blieb. Seine Rechenfähigkeiten waren vielleicht so ungemein groß, daß er auf jede Erleichterung durch das Anwenden einer Regel verzichten konnte. Möglich ist natürlich auch, daß ihm die 28-Jahre-Regel gar nicht geläufig war. Wie die meisten unserer älteren Kalender-Savants war er nicht in der Lage, seine Vorgehensweise in Worte zu fassen.

Der zweite Junge brauchte für das Zuordnen von Wochentagen zu den Daten länger, wobei er wie der erste keine Fehler machte. Auch er war am schnellsten, wenn er Daten des aktuellen Jahres bestimmen sollte. Er brauchte dabei durchschnittlich sieben Sekunden und damit länger als alle Erwachsenen. Auch seine übrigen Antwortzeiten fielen lang aus, wobei er interessanterweise im Durchschnitt nur zehn Sekunden brauchte, um 28 Jahre in der Zukunft liegende Daten zu bestimmen, aber mit 19 Sekunden fast doppelt so lang, um Daten zu berechnen, die nur zehn Jahre in die Zukunft reichen. Obwohl er also insgesamt weniger geschickt war, schien er von der 28-Jahre-Regel Gebrauch zu machen. Bei keinem der zwei Jungen war im Laufe der anderthalb Jahre eine Leistungssteigerung (also ein Übungseffekt) zu beobachten.

Unsere Ausgangsfrage bei dieser Serie von Studien war gewesen, ob Kalender-Savants die Regeln und Gesetzmäßigkeiten der Kalenderstrukturen herausfiltern und für ihre Berechnungen nutzbar machen. Bis dahin war man davon ausgegangen, daß die erstaunlichen Fähigkeiten der Savants vor allem auf inneren Bildern, auf mechanischen Gedächtnisleistungen (das heißt auf Wissen durch häufige Wiederholung) oder, laut jüngeren Theorien, auf stetigem, zielgerichtetem Üben beruhen. Aufgrund unserer Befunde kamen wir aber zu dem Schluß, daß die Savants über die genannten Strategien hinaus oder sogar an deren Stelle offenbar andere Strategien anwenden. Unabhängig von ihrem jeweiligen Intelligenzniveau setzten unsere Probanden bei den meisten Aufgaben regelgeleitete Strategien ein, auch wenn einige bei der Aufgabe, die am meisten schluß-folgerndes Denken verlangte, die entsprechende Regel nicht herauszufinden vermochten. Sie alle waren aber ausgezeich-nete Kalenderrechner, auch wenn sie sich in ihrem Intelli-genzniveau und ihren Rechenfähigkeiten unterschieden. F. D. Mitchell kam bereits 1907 zu dem Schluß, daß manche der großen Rechenkünstler einfach von bestimmten Eigen-schaften der Zahlen ausgehen, andere sich eher auf arith-metische Verfahren stützen und wieder andere raffinierte Schnellverfahren und Symmetrien nutzen, die sie entdeckt haben. Ihr Leistungsniveau scheint dabei aber nicht davon abzuhängen, welche der Strategien sie verwenden. Ebenso wie bei solchen nichtbehinderten begabten Menschen gibt es wohl auch bei Savants invididuelle Unterschiede zwi-schen ihren Denk- und Verarbeitungsstrategien. Dies dür-fen wir nicht außer acht lassen, wenn wir das Wesen ihrer Spezialfähigkeiten ergründen möchten.

Im nächsten Kapitel gehe ich auf weitere Variablen ein, die zu den Fähigkeiten von Kalender-Savants beitragen. Ich möchte Sie an dieser Stelle noch einmal daran erinnern, daß unser Kalender das Verstreichen der Zeit keineswegs völlig exakt abbildet. Trotz aller Fortschritte, die es seitdem in der Zeitmessung gegeben hat, gilt nach wie vor, was Roger Bacon, der herausragende und originelle Denker und Wis-senschaftler des Mittelalters, im Jahr 1267 schrieb:

Dieser Kalender, der sich jeder Weisheit entzieht, ist ein Greuel für Astronomen und ein Witz aus Sicht der Mathe-matik.

Um so mehr ist es eine bemerkenswerte Leistung, wenn Autisten, deren Allgemeinintelligenz und logisches Denk-vermögen beschränkt sind, bestimmte Regeln, Strukturen und Gesetzmäßigkeiten des Kalenders entschlüsseln und sich zunutze machen, um den Wochentag eines Datums zu ermitteln.

# Kapitel 7: Gedächtnis für Kalenderdaten

»Wann hat Tante Hilda uns das letzte Mal besucht?« »Das war am 2. Oktober 1987, an einem Freitag.« »Wann war ich mit dir zum letzten Mal beim Zahnarzt?« »Am 3. Juli 1996, und das war ein Mittwoch.« Kinder, aus denen später Kalender-Savants werden, machen oft solche präzisen Angaben. Die meisten von uns erinnern sich dagegen nicht an die Daten solcher Ereignisse, und manchmal vergessen wir sogar Daten, die eine gewisse Bedeutung für uns haben, etwa den Geburtstag einer engen Freundin oder gar das Datum unseres eigenen Hochzeitstages. Für Kalender-Savants nehmen solche Daten schon lange, bevor sie selbst Kalenderberechnungen anzustellen beginnen, große Bedeutung an. Bis in die jüngste Zeit waren Berichte über ein herausragendes Kalendergedächtnis meist rein anekdotischer Natur. Wir hielten es für lohnend, im einzelnen zu untersuchen, was diese Fähigkeit ausmacht und welche Rolle sie bei den Kalenderberechnungen von Savants spielt. Unsere Forschungskollegin Lisa Heavey nahm, in Zusammenarbeit mit Linda Pring und mir, diese Aufgabe in Angriff.

Zunächst mußten wir ermitteln, ob das Datengedächtnis von Savants dem von Menschen, die nicht zu Kalenderberechnungen in der Lage sind, tatsächlich überlegen ist. Falls dies zutraf, war zu prüfen, ob das bessere Datengedächtnis daher rührt, daß die Savants sich auch an alles andere besser erinnern können. Welche Rolle spielt das Gedächtnis beim Vorgang des Kalenderrechnens? Können Savants Kalenderdaten berechnen, weil sie sich an sie erinnern, oder erinnern sie sich an sie, weil sie zu Kalenderberechnungen in der Lage sind? O'Connor und ich hatten zeigen können, daß sie bei ihren Berechnungen auf bestimmte Merkmale der Kalenderstruktur zurückgriffen. Sind solche Merkmale auch in ihrem Gedächtnis gespeichert? Ehe wir uns diesen Fragen zuwenden, ist es wohl zweckmäßig, die allgemeine Arbeitsweise des Gedächtnisses kurz zu skizzieren.

Eine Ansammlung von gesonderten, unverbundenen Einzelelementen bleibt meist nicht gut im Gedächtnis haften. Vielmehr können wir uns um so besser an Inhalte erinnern, je mehr wir sie strukturieren und je mehr Bezüge wir zwischen den neuen Informationen und anderen Dingen, die wir bereits wissen, herstellen können. Natürlich können wir uns durch Übung und Wiederholung auch Reihen von Einzelelementen (wie etwa Telefonnummern) merken, die für sich genommen wenig Sinn ergeben. Das Üben erübrigt sich aber, wenn uns klar wird, daß die Abfolge einer bestimmten Regel gehorcht. Zum Beispiel müssen wir uns eine mit »5, 8, 12, 15, 19, 22, 26 ...« beginnende lange Reihe von Zahlen nicht mühsam einprägen, wenn man uns sagt oder wir selbst herausfinden, daß die Zahlenreihe der Regel folgt: Zähle abwechselnd 3 und 4 hinzu. Wir müssen die Regel dann nur anwenden und können die Reihe beliebig lange fortsetzen. Ein solche strukturierte und regelgeleitete Gedächtnisstrategie dürfte bei den Berechnungen von Kalender-Savants eine bedeutsame Rolle spielen. Dasselbe gilt für die im vorangehenden Kapitel erwähnten »Referenzpunkte« (Erinnerungen an die Daten wichtiger Einzelereignisse).

Bemerkenswert an Lisa Heaveys Gedächtnisstudien war, daß die teilnehmenden Savants größtenteils gar keine Kalenderberechnungen durchzuführen hatten. Sie sollten sich lediglich Listen von Daten in Erinnerung rufen, die man ihnen zuvor gezeigt und vorgelesen hatte. Durch dieses Vorgehen war es bei einigen der Studien möglich, das Datengedächtnis von Kalender-Savants mit dem von Kontrollprobanden zu vergleichen. Außerdem ließ sich recht genau untersuchen, welche Kenntnisse den Kalenderberechnungen zugrunde lagen. Zuvor hatten Neil O'Connor und ich bei anderen Savants bereits zeigen können, daß ihre überlegenen Gedächtnisleistungen auf das Gebiet ihrer Spezialbegabung beschränkt waren. Wir hatten eine Gruppe von geistig Behinderten untersucht, die unzählige Einzelheiten über sämtliche Londoner Buslinien wußten und präzise Auskünfte über die Busnummern, Haltestellen und Endhaltestellen geben konnten. Sie wußten auch, in welcher Garage jeder Bus nachts geparkt war. Wir legten ihnen, ebenso wie einer parallelisierten Vergleichsgruppe, zehn verschiedene Gedächtnisaufgaben vor, die sich auf Sprache, Zahlen und visuell-räumliches Denken bezogen und aus verschiedenen Intelligenztest-Batterien stammten. Wir stellten fest, daß die zwei Gruppen sich in ihrer allgemeinen Erinnerungsfähigkeit nicht unterschieden. Allerdings waren die Savants weit besser darin, sich Listen von Buslinien zu merken.

An Lisa Heaveys erster Studie nahmen acht Kalender-Savants teil. Alle waren in der Lage, Daten zwischen 1900 und 2000 zu berechnen, und einige konnten dies auch über eine wesentlich längere Zeitspanne hinweg. Ihre verbalen IQs reichten von 40 bis 80, der Gruppendurchschnitt war 65. Bei allen Teilnehmern außer einem war die Diagnose Autismus gestellt worden. Die Kontrollgruppe umfaßte Personen, die jeweils dieselben Diagnosen und dasselbe Intelligenzniveau wie die Savants hatten und ebenso alt wie sie waren. In einer Vorstudie las die Versuchsleiterin einfach eine zufällig angeordnete Reihe von zehn Wörtern oder Zahlen vor, die der Teilnehmer jeweils sofort wiederholen sollte. Sie sagte zum Beispiel »7 ... 3 ... 5 ... 2 ... 4 ... (usw.)« oder »Haus ... Messer ... Schachtel ... Stuhl ... (usw.)«, und der Proband sollte das in derselben Reihenfolge wiederholen. Es zeigte sich, daß die zwei Gruppen sich in der Spanne ihres Kurzzeitgedächtnisses nicht unterschieden und daß alle sich mehr Zahlen merken konnten als Wörter. Der Grund könnte sein, daß es nun einmal nur zehn Ziffern gibt (die Null verwendeten wir allerdings nicht, sondern die Zahlen von 1 bis 10), während bei den Wörtern eine beliebig große Anzahl zur Auswahl steht. Im Schnitt wurden zwischen fünf und sechs Zahlen und zwischen vier und fünf Wörtern korrekt reproduziert. Die Vorstudie bestätigte die oben skizzierten Befunde zu den Savants, die alles über die Londoner Busse wußten. Zusammenfassend läßt sich sagen, daß die Fähigkeiten von Kalender-Savants anscheinend nicht auf einer allgemeinen Überlegenheit ihres Kurzzeitgedächtnisses beruhen.

Als nächstes wurde geprüft, wie gut sich die Savants an Informationen erinnern konnten, wenn zwischen der Darbietung des Materials und der Aufforderung, es wiederzugeben, ein etwas längeres Intervall lag. Dieser Gedächtnistest war etwas schwieriger, weil die Teilnehmer während der Pause mit der Versuchsleiterin plaudern sollten, so daß sie die wiederzugebenden Elemente nicht im stillen rekapitulieren konnten. Sie bekamen Listen von verschiedenen Jahreszahlen wie 1922, 1846, 2089, 1754 usw. vorgelesen. Nach dem jeweils zweiminütigen Gespräch konnten sich die Savants an diese mit dem Kalender zusammenhängenden Informationen deutlich besser erinnern als die Kontrollpersonen. Außerdem wurde bei beiden Gruppen getestet, wie gut sie sich Reihen aus einzelnen Wörtern (zum Beispiel

»Hand, Weg, Salz« usw.) merken konnten, um so ihr allgemeines, nicht-kalendarisches Gedächtnis zu erfassen. Es zeigte sich, daß die Savants, wenn es um solche Wortreihen ging, in ihrem Erinnerungsvermögen den Kontrollpersonen nichts voraus hatten. Damit bestätigte sich, daß die Gedächtnisleistungen der Savants nur besser waren, soweit es um kalendarische Informationen ging.

Von den teilnehmenden Savants konnten, wie gesagt, alle über mindestens 100 Jahre und die meisten über 200 bis 300 Jahre hinweg Berechnungen durchführen. Die Fragestellung der nächsten Studie war, ob die Savants sich besser an Jahreszahlen erinnern konnten, die innerhalb ihrer Rechenspanne lagen, als an andere Jahreszahlen. Die besten Gedächtnisleistungen ergaben sich für Jahreszahlen aus dem zwanzigsten Jahrhundert. Für diesen Zeitraum konnten alle Savants Berechnungen anstellen. An zweiter Stelle kamen die Gedächtnisleistungen für das einundzwanzigste und das neunzehnte Jahrhundert, die für die meisten Teilnehmer noch innerhalb ihrer Rechenspanne lagen. Jahreszahlen aus diesen drei Jahrhunderten konnten sich die Savants deutlich besser merken als die Kontrollpersonen. Bei Jahreszahlen aus dem siebzehnten Jahrhundert aber schnitten sie nicht viel besser ab als die Kontrollgruppe, und es bestand offenbar ein Zusammenhang zwischen dem Gedächtnis für Jahreszahlen und der Fähigkeit, mit ihnen Kalenderberechnungen durchzuführen.

Diesen Zusammenhang untersuchte die darauffolgende Studie. Weil hierbei Kalenderberechnungen ins Spiel kamen, war keine Kontrollgruppe einbezogen. Das Gedächtnis wurde unter zwei verschiedenen Versuchsbedingungen geprüft: Zuerst sollten sich die Savants nur eine Liste von Kalenderdaten merken, die ihnen vorgelesen wurde; danach sollten sie zu den Daten einer Liste die Wochentage angeben. Unter der »Prüf-Bedingung« zeigte man den Kalender-Savants nacheinander 18 Daten wie zum Beispiel »Montag, 7. Januar 1980« und las sie ihnen vor. Danach konnten sie die gesamte Liste weitere 15 Sekunden lang betrachten. Sie wurden darauf hingewiesen, daß sie alle Daten sorgfältig anschauen und prüfen sollten.

Im zweiten Teil der Untersuchung, der »Rechen-Bedingung«, sagte man denselben Teilnehmern, daß man ihnen 18 Daten (die natürlich von den vorherigen verschieden waren) zeigen würde. Diesmal aber war der Wochentag nicht angegeben, und die Teilnehmer sollten ihn jedesmal zuordnen, wenn die Versuchsleiterin ein Datum wie »24. Januar 1927« nannte. In keinem Fall wurden die Teilnehmer darauf hingewiesen, daß sie sich die Daten merken sollten. Die eine Hälfte der Teilnehmer durchlief zunächst die »Prüf-« und dann die »Rechen-Bedingung«, bei der anderen Hälfte war es umgekehrt. Nach dem Abschluß der »Prüf-« oder »Rechenphase« plauderte die Versuchsleiterin jeweils etwa fünf Minuten lang mit dem Teilnehmer. Dann führte sie mit ihm einen unangekündigten Gedächtnistest mit einer Liste von zehn Daten (ohne die Wochentage) durch. Fünf Daten hatte der Teilnehmer vorher gesehen, die fünf anderen waren neue Daten, die ihn möglicherweise von den anderen »ablenken« würden. Er mußte angeben, welche der Daten ihm zuvor gezeigt worden waren. Das Ergebnis war, daß die Savants deutlich mehr Daten korrekt wiedererkannten, mit denen sie gerechnet hatten, als Daten, die sie nur geprüft hatten. Das Datengedächtnis scheint also, wenn der Betreffende mit den Informationen aktiv umgeht, eher zu profitieren, als wenn sie ihm nur präsentiert werden. Auf diese Schlußfolgerung werde ich im Zusammenhang mit anderen Savant-Fähigkeiten wieder zurückkommen.

In einer weiteren Serie von Studien konzentrierte Lisa

Heavey sich auf die Form, in der kalendarisches Wissen gespeichert wird. Wie ich skizziert habe, ist der Kalender ein differenziert aufgebautes Instrument, das strengen Regeln und Gesetzmäßigkeiten gehorcht. Ist das Gedächtnis von Kalender-Savants folglich so organisiert, daß es die Kalenderstruktur widerspiegelt? In das folgende Experiment wurden wiederum keine Kontrollgruppen einbezogen, weil es um mögliche Unterschiede *innerhalb* der Gruppe von Savants gehen sollte, die mit der Art der zu speichernden Informationen zusammenhingen. Eines der Grundelemente der Kalenderstruktur ist die gleichbleibende Abfolge der Wochentage. Jeder achte Tag fällt auf denselben Wochentag. Wenn man also weiß, daß der 1. Mai 1995 ein Montag war, kann man daraus folgern, daß auch der 8., 15., 22. und 29. Mai Montage waren. Weiß man außerdem, wie viele Tage jeder Monat hat, kann man die Daten der Montage des ganzen Jahres ermitteln. Die Fähigkeit zu Kalenderberechnungen könnte somit aus der Einsicht in derartige Gesetzmäßigkeiten hervorgehen, selbst wenn der Savant nicht in der Lage ist, die Einsicht in Worte zu fassen. In der Studie wurde daher die Erinnerung an Daten, die auf denselben Wochentag fallen, mit der Erinnerung an Daten verglichen, bei denen das nicht der Fall ist.

Heavey legte jedem Savant zwei unterschiedliche Listen von Daten vor und testete dann, wie gut er sich daran erinnern konnte. Die erste Liste umfaßte acht Daten aus einem bestimmten Jahr (etwa 1991), die alle auf denselben Wochentag fielen. Es wurden natürlich nur die Daten ohne den jeweiligen Wochentag angegeben, zum Beispiel: 10. Oktober 1991, 27. Juni 1991, 7. März 1991 usw. In der zweiten Liste dagegen, die sich auf ein anderes Jahr bezog, fielen die acht Daten auf verschiedene Wochentage. Die Daten lauteten beispielsweise: 11. Juli 1989 (ein Dienstag), 4. März 1989 (ein Samstag), 20. Dezember 1989 (ein Mittwoch) usw. Wie bei der ersten Liste wurden die hier in Klammern stehenden Wochentage nicht genannt.

Jedes einzelne Datum war fünf Sekunden lang zu sehen und wurde von dem Teilnehmer zusammen mit der Versuchsleiterin laut abgelesen. Sie forderte ihn auf, sich die Daten zu merken. Danach wurde die gesamte Liste zehn Sekunden lang gezeigt, und nach einer einminütigen Pause, in der sich die Versuchsleiterin mit dem Probanden unterhielt, forderte sie ihn auf, so viele Daten wie möglich wiederzugeben. Das Ergebnis war, daß die Savants sich im Durchschnitt an sechs Daten aus der Liste mit identischen Wochentagen erinnerten, aber an nur vier aus der anderen Liste. Statistische Tests zeigten, daß der Unterschied zwischen den Erinnerungsleistungen für die beiden Listentypen hochsignifikant war. Jeder der Savants erinnerte sich an mehr Daten aus der ersten als aus der zweiten Art von Liste.

Nach dem Gedächtnistest bekam der Teilnehmer beide Listen noch einmal zu sehen und wurde gefragt, ob ihm etwas Besonderes daran auffiel. Die zwei Teilnehmer mit den höchsten IQs (von 80 und 79) konnten erläutern, was die Daten in der Liste identischer Wochentage miteinander verband. Die anderen gaben nicht zu erkennen, daß ihnen der Zusammenhang bewußt war, selbst nach mehrmaliger Befragung. Doch alle Savants hatten sich die Daten, die auf denselben Wochentag fielen, besser merken können, obwohl die Mehrheit von ihnen die Übereinstimmung nicht in Worte fassen konnte. Dies deutet darauf hin, daß ein grundlegendes Wissen über die Kalenderstruktur vorhanden war, auch wenn es latent blieb und nicht artikuliert werden konnte.

Die nächste Studie knüpfte an ein in Kapitel 6 geschildertes Experiment an, bei dem O'Connor und ich festgestellt

hatten, daß Kalender-Savants sich bei ihren Berechnungen
auf eine Strukturregel des Kalenders gestützt hatten, laut
der die Daten des Jahres alle 28 Jahre auf dieselben Wochentage fallen. Heavey verglich die Erinnerungsleistung bei
Daten, die mit dieser Gesetzmäßigkeit zusammenhingen,
mit der Erinnerungsleistung bei anderen Daten. Die Teilnehmer sollten sich an zwei unterschiedliche Listen mit
jeweils acht Daten erinnern. In der einen betrug das Intervall zwischen jeweils zwei Daten genau 28 Jahre, in der anderen 23 Jahre. Die Datenpaare in der Liste mit 28jährigem
Intervall fielen selbstverständlich auf jeweils denselben
Wochentag, im Gegensatz zu denen in der anderen Liste. In
keiner der beiden Listen wurden die Wochentage angegeben, sondern nur die Jahre und Daten. Jedes Datum wurde
gezeigt und vorgelesen, und danach konnte sich der Teilnehmer jeweils die gesamte Liste der acht Daten anschauen.
Nach einer kurzen Gesprächspause sollte er dann möglichst
viele Daten aus jeder der zwei Listen nennen, wobei er nicht
bestimmen mußte, auf welchen Wochentag sie fielen.

Aus der Liste mit 28jährigem Intervall wußten die Savants jeweils mindestens sechs der acht Daten. Vier der acht
Teilnehmer hatten sich sogar alle acht Daten gemerkt. Bei
der anderen Liste erinnerten sie sich im Durchschnitt nur
an vier Daten, aber keiner wußte noch alle acht Daten. Der
niedrigste Wert war hier ein Datum, der höchste fünf. Dieselben zwei Savants, die zuvor hatten erläutern können, daß
alle Daten einer Liste auf denselben Wochentag fielen,
konnten nun auch angeben, was die Daten mit 28jährigem
Intervall von den anderen unterschied. Doch ähnlich wie
zuvor vermochte die Mehrheit der Savants den strukturellen Zusammenhang zwar nicht in Worte zu fassen, war aber
dennoch in der Lage, diese kalendarische Gesetzmäßigkeit
zu nutzen, um die eigene Gedächtnisleistung zu erhöhen.

Nachdem also das vorherige Experiment den Zusammenhang zwischen der regelmäßigen Abfolge der Wochentage
und der Gedächtnisleistung aufgezeigt hatte, wies diese
Studie nun nach, daß bei Daten, die entsprechend einer
Kalenderregel zu identisch strukturierten Jahren gruppiert
waren, die Merkfähigkeit der Savants größer war.

In ihrer folgenden Studie zu Gedächtnis und strukturellen Kalendermerkmalen befaßte Lisa Heavey sich mit
Schaltjahren und ihrer Bedeutung für das Kalendergedächtnis. Wie weiter oben erwähnt, modifizierte Julius
Cäsar den Kalender, um das Jahr auf 365 Tage zu erweitern,
und führte Monate von abwechselnd 30 und 31 Tagen ein.
Der Ausnahmemonat war der Februar, der 29 Tage und in
einem Schaltjahr 30 Tage haben sollte. Damit war der römi-
sche Kalender zwar der genaueste auf der ganzen Welt, doch
er enthielt nach wie vor Abweichungen vom Sonnenjahr, die
sich im Laufe der Zeit aufsummierten. Deshalb nahmen die
Römer eine weitere Korrektur vor, so daß der Februar nun
28 Tage hatte, außer in jedem vierten Jahr, wenn ein 29. Tag
hinzugefügt wurde. Damit kam der Julianische Kalender
dem Sonnenjahr schon recht nahe. Doch auch diese Revision verhinderte nicht, daß nach und nach größere Abweichungen auftraten. Im 16. Jahrhundert berief deshalb Papst
Gregor XIII. eine Kommission ein, die sich mit dem Pro-
blem befassen sollte. Als Lösung schlug sie vor, daß das Jahr
2000, obwohl ansonsten in jedem Hunderterjahr (1700,
1800, 1900 usw.) das Schaltjahr ausgesetzt wird, einen
29. Februar enthalten solle. Mit löblichem Weitblick erließ
der Papst also am 24. Februar 1582 ein Dekret, in dem es
hieß: »Anno vero MM, more consueto dies bissextus inter-
caletur, Februario dies XXIX continente«. Damit ordnete er
an, daß im Jahr 2000 der Februar 29 Tage enthalten sollte.
Möglicherweise müssen in Zukunft weitere solche Anglei-

chungen vorgenommen werden, denn im Vergleich mit dem Sonnenjahr ist unser Kalenderjahr noch immer um einige Minuten zu lang.

Die Wissensbasis, die Kalenderberechnungen ermöglicht, muß auch die Kenntnis von Schaltjahren einschließen, denn sonst würde die Zuordnung von Wochentag und Datum nicht stimmen. Schaltjahre lassen sich als strukturelle Anomalien auffassen, die in regelhaften Abständen wiederkehren. In Heaveys Studie wurden jedem der zuvor getesteten Savants zwei Listen gezeigt und vorgelesen. Die eine bestand aus acht Schaltjahren des 20. Jahrhunderts, die allerdings nicht in chronologischer Reihenfolge präsentiert wurden, so daß 1960 von 1944, 1988, 1976 usw. gefolgt wurde. Die Jahre in der anderen Liste waren keine Schaltjahre: 1978, 1917, 1966, 1953 usw. Als die Savants aufgefordert wurden, sich die Listen in Erinnerung zu rufen, konnten sie im Durchschnitt noch fünf Schaltjahre nennen, aber nur drei andere Jahre. Der Unterschied zwischen den Erinnerungsleistungen für die beiden Listen war statistisch signifikant. Dies ist eine weitere Bestätigung dafür, daß Kalender-Savants sich bei ihren Erinnerungsleistungen an regelhaften Strukturmerkmalen des Kalenders orientieren.

In den bislang berichteten Gedächtnisstudien von Heavey ging es um den Einfluß, den Kalenderstrukturen auf das Datengedächtnis von Savants ausüben. Den vielleicht überzeugendsten Beleg dafür, daß die Kalenderberechnungen von Savants tatsächlich auf einem systematischen Wissen über Regeln und Gesetzmäßigkeiten beruhen, liefert Lisa Heaveys folgendes Experiment, bei dem sie das Gedächtnis für Ostersonntage prüfte. Auf welchen Tag Ostern fällt, hängt nicht von strukturellen Regelmäßigkeiten des Gregorianischen Kalenders ab, denn Ostern ist ein »beweglicher Festtag«. Kaum jemand weiß noch, daß Jesus und seine Jünger beim Letzten Abendmahl den Beginn der Passah-Woche feierten, also des Auszugs der von Moses geführten Israeliten aus Ägypten gedachten. An welchem Sonntag die Auferstehung Christi, im Anschluß an den Kreuzigungs-Karfreitag, begangen wird, ergibt sich somit aus dem vom Mond bestimmten jüdischen Kalenderjahr. Weil aber die Mondphasen nicht mit dem Gregorianischen Kalender in Einklang zu bringen sind, fällt Ostern jedes Jahr auf ein anderes Datum. Der entscheidende Punkt für uns ist hier, daß im Gegensatz zu den kalendarischen Zusammenhängen, die in den bislang beschriebenen Studien eine Rolle spielten, das Datum des Osterfestes nicht aus der Struktur unseres Kalenders abzuleiten ist.

An dem Experiment nahmen dieselben acht Savants teil wie an der vorherigen Reihe von Studien. Es wurde geprüft, wie gut sie sich die Daten von Ostersonntagen und von anderen Sonntagen in verschiedenen Jahren des zwanzigsten Jahrhunderts merken konnten. Ihnen wurden zwei verschiedene Listen vorgestellt, von denen die eine acht Daten von Ostersonntagen enthielt und die andere acht Daten von anderen Sonntagen. Alle Daten stammten aus den Monaten März und April. Den Teilnehmern wurde nur gesagt, daß sie zwei Listen von Daten sehen würden, die alle auf einen Sonntag fielen. Nach der Vorstellung jeder Liste wurden sie aufgefordert, so viele Daten wie möglich zu wiederholen. Die eine Hälfte der Teilnehmer hatte zuerst die Ostersonntags-Daten gesehen, die andere die übrigen Daten. Der Hypothese von Heavey entsprechend erinnerten sich die Savants an beide Listen gleichgut. Sie wußten im Durchschnitt noch fünf Daten der Ostersonntage und fünf Daten der anderen Sonntage. Als sie befragt wurden, ob ihnen irgend etwas Besonderes an den Datenlisten aufgefallen war, deutete nur einer der beiden Savants, die zuvor Kalenderregeln in Worte hatten fassen können, auf die erste Liste und sagte: »Das sind alles Ostertage.« Er war auch der einzige, bei dem die Erinnerungsleistung für die beiden Datenlisten stark unterschiedlich ausfiel. Er merkte sich sieben Ostersonntage, aber nur vier andere Sonntage. Weil das Osterdatum nicht aus der Struktur des Kalenders selbst ableitbar, sondern »ereignisbezogen« ist und von anderen Faktoren abhängt, ergaben sich bei den übrigen Savants offenbar keine Entsprechungen zwischen der Liste der Ostersonntage und den Gedächtnisstrukturen, in denen ihr Kalenderwissen gespeichert war.

Dieser Befund läßt sich vielleicht mit einem Vergleich veranschaulichen. Die Kenntnis von Daten, die sich nicht aus der Struktur des Gregorianischen Kalenders ableiten lassen, ist unabhängig von dem, was man die »Grammatik« dieses Kalenders nennen könnte. Wenn man nun die Unterscheidung zwischen kalendarischen Einzelereignissen und regelhaften Strukturen betrachtet und eine ungefähre Analogie zum System der Sprache herstellt, könnte man sagen, daß Einzelereignisse sich wie Wörter verhalten. Sie sind so etwas wie der Wortschatz des Kalenders. In der Sprache ist das Wort ein willkürlich festgelegtes Zeichen, und man muß lernen, daß man dieses Tier einen Hund nennt und jene Blume eine Tulpe. Jedes Wort hat seine eigene spezifische Bedeutung und ist damit einem Ereignis, das an ein bestimmtes Datum geknüpft ist, nicht unähnlich. Die Grammatik aber ist etwas grundsätzlich anderes als der Wortschatz. Wenn Kinder sich die Grammatik ihrer Muttersprache aneignen, können sie aus Sätzen, die sie hören, sozusagen extrapolieren und selbst neue Sätze bilden. Als Beispiel hatte ich in Kapitel 5 angeführt, daß die typische Satzstellung im Englischen und Deutschen Subjekt-Prädikat-Objekt ist. Sobald ein Kind die Bedeutung des Satzes »Ich will das« erfaßt hat, erfolgt eine genetisch angelegte Weichenstellung, und das Kind nutzt dieselbe syntaktische Struktur, um Sätze wie »Ich esse das« oder »Ich probiere das« zu erzeugen. Der Vergleich zwischen dem Vorgang des Spracherwerbs und dem Kalenderrechnen hinkt natürlich insofern, als das Aneignen der Kalenderstruktur, im Gegensatz zu dem der Grammatik, kein Moment ist, das in der kindlichen Entwicklung von vornherein angelegt wäre. Wir können aber ereignisbezogenes Wissen so auffassen, daß es manchen Daten ein bestimmtes Gewicht verleiht, ähnlich wie Wörter Dingen eine spezifische Bedeutung zuweisen. Die Struktur des Kalenders läßt sich demgegenüber als eine »Grammatik« begreifen, die von Regeln und Gesetzmäßigkeiten bestimmt ist. Sobald jemand diese Regeln erfaßt, kann er aus ihnen extrapolieren und, in Entsprechung zu neuen Sätzen, neue Kopplungen von Wochentagen und Daten erzeugen. Die Osterdaten jedoch stehen außerhalb einer solchen »Kalendergrammatik«.

Was sagen uns nun die geschilderten Studien zum Datengedächtnis darüber, wie sich das Kalenderwissen der Savants entwickelt? Die Entwicklung beginnt vielleicht damit, daß eine Reihe von persönlich bedeutsamen Ereignissen, wie Ausflüge ans Meer, Besuche von Verwandten oder Geburtstage, als Beispiele für die Kopplung eines Wochentags mit einem Datum wahrgenommen werden. Viele Kalender-Savants interessieren sich schon früh für derartige Details und beschäftigen sich dann immer wieder mit ihnen. Dabei erschließt sich ihnen mit der Zeit ein Wissen darüber, daß der Kalender mit seinen Tagen und Wochen sequentiell aufgebaut ist, das heißt, daß der erste Wochentag ein Montag, der zweite ein Dienstag, der dritte ein Mittwoch ist, und so weiter. Sie beginnen also das Aufeinanderfolgen der Tage mit einem siebentägigen Wiederholungsmuster in Verbindung zu bringen, wobei dieser Vorgang nicht bewußt ablaufen muß. Die Zeitspanne, die sie intuitiv erfassen, wird sich irgendwann auf mehrere Wochen ausweiten, und ihnen wird klar, daß nach einem Montag, der auf den 1. des Monats fällt, auch der 8., der 15. des Monats usw. Montage sind. Wenn sich ihr Horizont dann auf mehrere Monate ausdehnt, begreifen sie beispielsweise, daß nach einem Sonntag, der auf den 30. eines 30tägigen Monats fällt, der 7. des folgenden Monats wieder ein Sonntag ist. Es läuft darauf hinaus, daß sie einfach nacheinander verschiedene numerische Sequenzen erfassen (also 1–7, 1–30, 1–31, 1–28) und darüber das Abfolgemuster der Wochentage von Montag bis Sonntag legen. Wenn sie sich fortlaufend mit solchen Sequenzen beschäftigen, treten die Gesetzmäßigkeiten der Kalenderstruktur immer deutlicher hervor – zum Beispiel die, daß in bestimmten Monatspaaren die Koppelungen von Wochentagen und Daten identisch sind (so daß die zwei Monate mit demselben Wochentag beginnen). März und November bilden wie gesagt ein solches Monatspaar, das heißt, wenn der 1. März auf einen Montag fällt, ist auch der 1. November ein Montag. Wie ich weiter oben bereits gezeigt habe, machen sich Savants beim Zuordnen von Wochentagen und Daten solche Kenntnisse zunutze.

Um die Struktur des folgenden Jahres ableiten zu können, muß man nur wissen, mit welchem Tag es anfängt (also auf welchen Wochentag der 1. Januar fällt). Der 1. Januar rückt im Prinzip jedes Jahr um einen Wochentag vorwärts. Wenn er also in einem Nicht-Schaltjahr ein Montag ist, fällt er im nächsten auf einen Dienstag. Es gibt nur 14 Möglichkeiten, wie Wochentage und Daten in einem Jahr angeordnet sein können. Sieben dieser Konfigurationen beziehen sich auf Schaltjahre, sieben auf Nicht-Schaltjahre. Ein Savant, der das weiß, muß nur ermitteln, mit welchem Wochentag das jeweilige Jahr beginnt. Ich möchte noch einmal betonen, daß ich mit dem »Wissen« des Savant hier nicht unbedingt ein bewußtes Wissen meine, das er auch artikulieren kann. Man kann es vielmehr damit vergleichen, daß jemand die Satzbauregeln seiner Muttersprache kennt und sie korrekt einsetzt, ohne sie aber formulieren zu können. Doch ebenso wie manche Menschen in der Lage sind, grammatische Regeln in Worte zu fassen, können auch manche Savants uns über die Regeln des Kalenders Auskunft geben. Der Kalender ist ein einzigartiges, in sich geschlossenes System mit festgelegten Beziehungen zwischen seinen einzelnen Elementen und einer begrenzten Zahl von Regeln, und so ist es nicht verwunderlich, daß er auf manche Autisten einen großen Reiz ausübt. Daß sie innerhalb eines derart statischen, geordneten Systems Einzelelemente vorhersagen können, bereitet ihnen große Freude.

Wie die folgenden Kapitel zeigen werden, läßt sich die dem Kalenderrechnen zugrunde liegende Verarbeitungsstrategie auch bei anderen Savant-Begabungen beobachten. Die Savants scheinen bei der Informationsverarbeitung vom Detail zum Ganzen zu gehen, also in umgekehrter Richtung wie die meisten von uns. Wie ich in Kapitel 3 dargelegt habe, setzen wir üblicherweise bei einer ganzheitlichen Wahrnehmung und Erinnerung an, um von da aus die Einzelheiten zu rekonstruieren, wie sie uns wahrscheinlich vorkommen. Der Mosaiktest, bei dem Autisten besonders gut abschneiden, macht deutlich, daß sie nicht nur eine Struktur in ihre Segmente zerlegen, sondern auch die Gesamtgestalt aus den Segmenten rekonstruieren können. Eine solche Rekonstruktionsstrategie, die Einzelfragmente zu übergreifenden Muster zusammenfügt, scheint die Voraussetzung dafür zu schaffen, daß vorhandene Savant-Begabungen sich zu Fertigkeiten entfalten können. Bei

Kalender-Savants regt sich schon früh ein Interesse an einzelnen Kalenderdaten, so daß sie immerzu bestrebt sind, an solche Informationen zu gelangen. Dadurch kommt offenbar ein schrittweiser Prozeß in Gang, und die Einzelkomponenten fügen sich nach und nach zu einer eng verflochtenen Wissensbasis zusammen, die die Struktur des Kalenders widerspiegelt. Am Ende ist der Savant in der Lage, nicht nur vergangene Daten zu berechnen, sondern auch in der Zukunft liegende Daten zu erzeugen, die er in keinem Kalender abgelesen hat und also auch nicht üben und memorieren konnte. »Menschen, die wie wir an die Physik glauben, wissen, daß die Unterscheidung zwischen Vergangenheit, Gegenwart und Zukunft nur eine besonders hartnäckige Illusion ist«, schrieb Albert Einstein. Dies gilt aber nicht für Kalender-Savants! Für sie ist diese Unterscheidung bedeutsame und greifbare Wirklichkeit.

# Kapitel 8: Zahlen

Die ältesten erhaltenen Hinweise darauf, wie sich bei den Menschen der Vorzeit ein quasi-mathematisches Bewußtsein regte, sind regelmäßige, sich wiederholende Muster auf Gefäßen und an Höhlenwänden. Die Verwendung von Zahlen begann wahrscheinlich damit, daß man sich der zehn Finger bediente, um genaue Mengenangaben zu machen. Das englische Wort »digit« kann sowohl Finger als auch Ziffer bedeuten. Simon Singh gibt in seinem Buch *Fermats letzter Satz* einen anschaulichen Überblick über die Geschichte der Mathematik. Die ersten Buchhaltungsverfahren entstanden, wie so viele andere zivilisatorische Errungenschaften, in Babylonien und Ägypten, etwa zur selben Zeit wie die Schrift. Ägyptische Dokumente aus der Zeit um 1800 v. Chr. belegen, daß Dezimalzahlen und Brüche im Gebrauch waren. Die Babylonier arbeiteten zu jener Zeit bereits mit Tabellen für Multiplikationen und Divisionen sowie für das Wurzelziehen und Quadrieren. Die mesopotamische Zivilisation nutzte ihr mathematisches Wissen ausschließlich für praktische Zwecke, unter anderem für die Zuteilung von Gütern, für den Handel und mittels einer ausgeklügelten Geometrie für die Errichtung großartiger Bauwerke. Zu Beginn des sechsten Jahrhunderts v. Chr. entwickelten die so sehr an Philosophie und Logik interessierten Griechen die Idee des mathematischen Beweises. Mathematik als eine um ihrer selbst willen betriebene abstrakte Disziplin wurde von den Philosophen Thales und Pythagoras begründet.

Laut Pythagoras mußte man die Zahlen studieren, um die Welt verstehen zu können.

Die Rechenoperationen der Addition, Subtraktion und Multiplikation sind recht leicht zu handhaben. Wenn man sie mit ganzen Zahlen durchführt, ist auch das Ergebnis immer eine ganze Zahl. Bei der Division ganzer Zahlen aber kommen Aspekte hinzu, die diese Prozedur etwas komplizierter machen. Das liegt daran, daß manche ganzen Zahlen nicht teilbar sind, ohne daß dabei ein Rest übrigbleibt, außer wenn man sie durch 1 oder durch sich selbst dividiert. Man nennt sie »Primzahlen«, und die ersten zehn sind 2, 3, 5, 7, 11, 13, 17, 19, 23 und 29. Gegen Ende des ersten Jahrhunderts v. Chr. erbrachte Euklid den ersten mathematischen Beweis dafür, daß es unendlich viele Primzahlen gibt. Eine größte Primzahl gibt es also nicht. Doch seit Euklid bis heute hat man vergeblich versucht, eine zugrundeliegende Gesetzmäßigkeit zu entdecken, mit deren Hilfe sich das Vorkommen von Primzahlen errechnen ließe. Vielleicht gibt es gar keine solche Gesetzmäßigkeit, und die Verteilung der Primzahlen folgt dem Zufall.

Über die Griechen und Römer verbreitete sich mathematisches Wissen schließlich nach Indien und in die islamische Welt, wo es weiterentwickelt wurde. Das Wort Algorithmus (es meint einen Rechenvorgang, der nach einem bestimmten sich wiederholenden Schema abläuft) ist aus dem Namen des muslimischen Algebra-Gelehrten Al-Hwarizmi abgeleitet. Die bis heute verwendete arabische Zahlenschrift stellte gegenüber dem recht umständlichen römischen Notationssystem eine beträchtliche Verbesserung dar. Durch die arabische Präsenz in Spanien und die Übersetzungen von arabischen und griechischen Mathematiktexten gelangten die Weiterentwicklungen der orientalischen Zahlentheorie schließlich in den Westen und führten im mittelalterlichen Europa zu einem Wiederaufleben des Interesses an der Mathematik. Mit der Renaissance und der daran anschließenden Epoche begann in Europa dann die moderne Algebra zu entstehen, die mit den mathematischen Genies Isaac Newton und Pierre de Fermat ihre ersten Höhepunkte erreichte.

Im siebzehnten Jahrhundert soll Fermat angeblich das erste Primzahl-Theorem aufgestellt haben. Theoreme sind Lehrsätze, die nicht nur die beobachtbaren Fälle eines Phänomens erklären, sondern einen absoluten Beweis für sämtliche möglichen Erscheinungen dieser Art liefern. Obwohl die von Fermat festgestellten Tatsachen nach wie vor unbestreitbar sind, ging das Theorem selbst leider verloren. Fermat bewies, daß alle Primzahlen zu einer von zwei Kategorien gehören müssen. Der erste Typus von Primzahlen läßt sich immer als das Ergebnis einer Gleichung $4 \times n + 1$ (wobei $n$ eine bestimmte Zahl ist) beschreiben. Die zweite Kategorie umfaßt alle Primzahlen, die sich als Ergebnis einer Gleichung $4 \times n - 1$ auffassen lassen. Zum Beispiel entspricht die Primzahl 13 dem Ergebnis von $4 \times 3 + 1$, während 19 sich als $4 \times 5 - 1$ ausdrücken läßt. Diese Formeln gelten für sämtliche Primzahlen. Klingt das nicht ganz simpel? Der große Schweizer Mathematiker Leonhard Euler arbeitete im achtzehnten Jahrhundert dennoch sieben Jahre daran, den Beweis von Fermats Primzahl-Theorem erneut zu führen.

Bis heute liegt für eine bestimmte Gesetzmäßigkeit, die mit den Primzahlen zusammenhängt, kein mathematischer Beweis vor. Christian Goldbach schrieb 1724, daß sich jede gerade Zahl, die größer als 24 ist, als die Summe von zwei Primzahlen darstellen läßt. 26 ist 13 + 13, 72 ist 19 + 53, und so weiter. Mittels Computern hat man dies für alle geraden Zahlen bis 400 Milliarden bestätigen können, doch bislang ist der mathematische Beweis niemandem gelungen.

In diesem Kapitel berichte ich von Studien zu der außerordentlichen Rechenbegabung eines autistischen Savant. Wir versuchten zu ergründen, auf welchem Wege es ihm gelang, Primzahlen zu erkennen und zu finden. Von herausragenden arithmetischen Fähigkeiten bei Menschen, die im übrigen geistig behindert waren, ist seit dem achtzehnten Jahrhundert berichtet worden. Eine der frühesten Darstellungen handelt von einem geistig zurückgebliebenen Mann, der noch mit 80 Jahren im Nu Fragen der Art beantworten konnte, wie viele Sekunden ein Mensch gelebt habe, wenn er 70 Jahre, 17 Tage und 12 Stunden alt sei. Er berücksichtigte beim Rechnen auch die Schaltjahre, so daß seine korrekte Antwort lautete: 2 210 500 800 Sekunden. Es gibt mehrere Berichte über Idiots savants, die im Geiste Kolonnen von sechsstelligen Zahlen addieren konnten, und über andere, die in Sekundenschnelle große Zahlen multiplizierten und dividierten.

Bei Savants mit einer rechnerischen Begabung ist oft schon in einem sehr frühen Alter zu erkennen, daß sie von Zahlen fasziniert sind. Sie zählen zum Beispiel ständig Gegenstände ab und werden auf diese Weise mit Zahlenfolgen vertraut. Sie beginnen dann allmählich, Zahlen zu gruppieren und Zusammenhänge zwischen ihnen herauszuarbeiten, wobei sie diese Einsichten kaum je explizit formulieren und ihr Wissen nur daran deutlich wird, daß sie immer geschickter rechnen können. Große Kopfrechenkünstler, die unter keinen kognitiven Behinderungen leiden, unterscheiden sich in ihren Rechenstrategien sehr stark voneinander. Manche haben ein überragendes Zahlengedächtnis, andere aber nicht. Manche benutzen grobe Schätzungen und Schnellverfahren, andere stellen blitzschnell verwickelte Berechnungen an. Alle sind in der Lage, sofort die sogenannten Teiler einer Zahl zu erfassen, die sie vor sich haben. Eine Bemerkung des großen Kopfrechenkünstlers Wim Klein veranschaulicht das: »Zahlen sind für mich wie Freunde, aber für Sie ist das wohl nicht so. 3844? Für Sie ist das nur eine 3 und eine 8 und eine 4 und eine 4. Ich aber sage: ›Hallo, 62 im Quadrat!‹« Von dem Schweizer Mathematikgenie Euler hieß es, daß er »ohne erkennbare Anstrengung rechnete, so wie Menschen atmen oder Adler sich in der Luft halten«.

Natürlich sind Savants, die ausgezeichnet rechnen können, keine Genies; aber selbst wenn ihre Fähigkeiten auf einem viel niedrigeren Niveau angesiedelt sind, übertreffen sie darin die meisten von uns. Außerdem scheinen Savants mit den großen Rechenkünstlern gemeinsam zu haben, daß sie mühelos die Eigenschaften von Zahlen wahrnehmen können. Der brillante Autor und Neurologe Oliver Sacks beobachtete ein berühmtes, in Kapitel 6 bereits erwähntes Zwillingspaar, das zuerst von W. A. Horwitz beschrieben worden war. Sie waren in ein Spiel vertieft, bei dem sie sich in raschem Wechsel aufeinanderfolgende Primzahlen mit bis zu 20 Ziffern zuriefen. Ihre allgemeinen geistigen Fähigkeiten bewegten sich auf dem Niveau von Neun- bis Zehnjährigen. Bei fast allen Savants, die eine Begabung fürs Kopfrechnen haben, hat man auch ein hervorragendes Zahlengedächtnis festgestellt, und Sacks berichtet, daß die Zwillinge sich bis zu 300stellige Zahlen merken konnten. Ein derart beeindruckendes Gedächtnis findet sich aber nicht nur bei Savants. Zum Beispiel diktierte der große Mathematiker des zwanzigsten Jahrhunderts A. C. Aitkin, der auch ein glänzender Kopfrechner war, seiner Sekretärin bis zu hundert Dezimalstellen, ohne diese schriftlich vor sich zu haben, und wiederholte sie dann nach einer Weile, um zu prüfen, ob sie sie richtig aufgeschrieben hatte. Man hat in Experimenten gezeigt, daß Menschen, die kein besonderes Rechentalent haben, ihr Zahlen- und Kalendergedächtnis mit gezieltem und stetigem Üben erheblich verbessern können. Das muß natürlich nicht heißen, daß dieser Weg zu höheren Leistungen derselbe ist, auf dem spezialbegabte Menschen mit einem tief verwurzelten Interesse für das Reich der Zahlen ihre herausragenden Fertigkeiten entwickeln.

Bei den meisten Savant-Rechenkünstlern wird Autismus oder ein Asperger-Syndrom diagnostiziert, und zudem können die meisten von ihnen auch Kalenderberechnungen durchführen. Wie ich dargelegt habe, neigen Autisten dazu, Informationen in Segmente aufzuspalten, und das Zerlegen von Zahlen in ihre Bestandteile könnte so ganz ihrem kognitiven Verarbeitungsstil entsprechen.

Neil O'Connor und ich lernten Michael kennen, als er an den in Kapitel 6 vorgestellten Studien mit Kalender-Savants teilnahm. Er war zu der Zeit 20 Jahre alt. Als er drei war, wurden bei ihm sämtliche Symptome des von Kanner beschriebenen klassischen Autismus diagnostiziert. Mit zehn Monaten hatte er Krämpfe, die im Alter zwischen zwei und drei Jahren erneut auftraten. Er sprach nie auf andere Menschen an und reagierte weder auf Worte noch auf Gesten. Wenn jemand auf etwas zeigte, schaute er nicht hin. Er winkte nie zum Abschied und reagierte nicht auf Liebkosungen. Michael war nicht taub, doch er schien sprachliche Äußerungen nicht zu verstehen und fing auch selbst nie an zu sprechen. Mit drei Jahren aber konnte er Puzzles mit 100 Teilen zusammensetzen, wobei es für ihn, wie für viele autistische Kinder, keinen Unterschied zu machen schien, ob er sehen konnte, was das Puzzle darstellte, oder ob er leere Teile vor sich hatte. Er entwickelte keinerlei verbale Fähigkeiten, und obwohl man ihm einige Gesten in Zeichensprache beibrachte, setzte er sie nie spontan ein. Er konnte aber im Kopf große Zahlen, die man ihm aufschrieb, addieren, subtrahieren, multiplizieren und dividieren. Er konnte auch selbst Zahlen schreiben, die allerdings recht schwer zu lesen waren.

Wir stellten fest, daß er von einem Intelligenztest überfordert war, bei dem er jeweils ein Wort gesagt bekam und auf das eine von vier Bildern zeigen sollte, auf dem das Wort dargestellt war. Auf einer nonverbalen Skala zur sozialen Reife entsprachen seine Werte dem eines nichtbehinderten Zehnjährigen, doch als wir ihm einen nonverbalen Intelligenztest vorlegten, erzielte er den hohen IQ von 128. Einige der Aufgaben in diesem Test zeigen abstrakte Formen, aus denen man diejenige auswählen soll, die nicht zu den anderen paßt. Zum Beispiel enthalten drei der Formen ausschließlich gerade Linien, während in der vierten auch eine gebogene vorkommt. Solche räumlichen Aufgaben konnte Michael bis zum allerhöchsten Schwierigkeitsgrad lösen. Bei anderen Testaufgaben aber unterscheidet sich ein Bild von den anderen, weil das dargestellte Objekt nicht zur selben Begriffskategorie gehört. Beispielsweise ist neben drei Bildern von Tieren ein Möbelstück zu sehen. Mit solchen Aufgaben kam Michael nur auf einer sehr niedrigen Schwierigkeitsstufe zurecht, so daß eine Diskrepanz deutlich wurde zwischen abstrakten Bildern, die keine Objekte darstellten, und anderen Bildern, die Begriffe und Bedeutungen veranschaulichten. Bei einem rein visuell-räumlichen Intelligenztest, den er einige Zeit später vorgelegt bekam, erzielte Michael einen IQ von 140. Dies ist ein wirklich sehr hoher Wert, der im obersten Grenzbereich dessen liegt, was auf der Skala überhaupt erreicht werden kann.

Michael lebt heute in einer beschützten Wohngruppe von Autisten, wo er das Weben gelernt hat und ganz wunderbare und komplexe Muster herstellt. Erwähnenswert ist, daß beide Eltern einen Universitätsabschluß in Mathematik haben. Sie üben allerdings keinen mathematischen Beruf aus. Als wir hörten, daß Michael nicht nur Kalenderberechnungen durchführen konnte, sondern auch über arithmetische Fähigkeiten verfügte, fragten wir seine Mutter, ob er Primzahlen erkennen und ermitteln könne. Das habe sie bei ihm nie ausprobiert, sagte sie, und auf unsere Bitte hin gab sie ihm eine Liste mit großen Zahlen, die er dividieren sollte und unter denen einige Primzahlen waren. In einem Brief schrieb sie uns: »Als Michael zu den Primzahlen kam, schaute er mich an, als würde er mich für übergeschnappt halten.« Wir beschlossen deshalb, Michaels Fähigkeiten im Umgang mit Primzahlen zu untersuchen. Als Vergleichsprobanden nahmen wir einen Psychologen, der auch einen Universitätsabschluß in Mathematik hatte.

Um Michaels Strategie im Umgang mit Primzahlen zu verstehen, legten wir ihm drei Aufgaben vor, die jeweils drei Schwierigkeitsstufen hatten. Weil er mit Sprache nichts anfangen konnte und somit keine mündlichen Anweisungen verstand, schrieben wir Zahlenbeispiele auf, die ihm zeigen sollten, was zu tun war, und die er im Nu zu begreifen schien. Als erstes forderten wir ihn und die Kontrollperson auf, ganze Zahlen in ihre Faktoren zu zerlegen. Bei der zweiten Aufgabe ging es darum, in Zahlenreihen die Primzahlen zu erkennen, und die dritte bestand darin, Primzahlen selbst zu finden und aufzuschreiben.

Um eine Zahl in ihre Faktoren zu zerlegen, muß man sie nach und nach in ihre Teiler aufgliedern, bis keine weitere Division mehr möglich ist und man bei Primzahlen angelangt ist. Im frühen neunzehnten Jahrhundert war das berühmte mathematische Wunderkind Zerah Colburn mit sechs Jahren imstande, jede bis zu siebenstellige Zahl auf der Stelle in ihre Faktoren zu zerlegen. Er konnte aber nicht sagen, wie er das zuwege brachte und fing oft an zu weinen, wenn man ihn mit entsprechenden Fragen bedrängte. Mit acht Jahren aber weckte er eines Nachts seinen Vater auf und sagte: »Ich kann dir jetzt erklären, wie ich auf die Zahlen komme.« Der Vater schrieb sogleich mit, und es zeigte sich, daß der Junge im Sinne eines Theorems zur Bestimmung von Primzahlen vorging, das der griechische Mathematiker Eratosthenes erstmals im dritten Jahrhundert v. Chr. formuliert hatte. Bei dieser langwierigen Methode der Vor-Computerära mußte man mit großen Zahlen hantieren, doch dem kleinen Colburn gelang das im Handumdrehen.

In unserer ersten Studie legten wir beiden Teilnehmern die Zahlen von 212 bis 221, von 1001 bis 1011 und schließlich von 10 002 bis 10 011 vor. Wir forderten sie auf, die Faktoren für jede dieser 30 Zahlen aufzuschreiben, bis sie jeweils zu Primzahlen gelangten und keine weitere Division möglich war. Die Kontrollperson, die Mathematik studiert hatte, führte das bei acht der zehn Hunderterzahlen, bei sieben der Tausenderzahlen und vier der Zehntausenderzahlen korrekt aus. Michael erkannte bei den drei-, vier- und fünfstelligen Zahlen jeweils in neun, acht und drei Fällen, daß eine Primzahl erreicht worden war. Der Unterschied zwischen den zwei Teilnehmern war statistisch nicht signifikant. Michael bewältigte aber das Zerlegen in Faktoren viel schneller als die Kontrollperson, vor allem bei den Hunderter- und Tausenderzahlen.

Michaels rasche Antworten bei den dreistelligen Zahlen könnten darauf zurückgehen, daß ihm die entsprechenden Divisionsschritte vertraut waren und er sie zuvor geübt hatte, doch bei den Zahlen höherer Größenordnungen war dies weniger wahrscheinlich. Bei den vierstelligen Zahlen brauchten beide Teilnehmer ungefähr gleichlang, was bedeuten könnte, daß sie eine ähnliche Strategie verwendeten, die sich dann in ähnlichen Rechengeschwindigkeiten niederschlug. Bei den fünfstelligen Zahlen jedoch war Michael erheblich schneller. Es ist daher denkbar, daß er ebenso wie manche nichtbehinderten Rechenkünstler in der Lage war, intuitiv einen geeigneten Algorithmus anzuwenden. Seine Rechenzeiten für die vier- und fünfstelligen Zahlen waren statistisch gesehen gleich, während die Kontrollperson deutlich mehr Zeit brauchte, je größer die Zahlen wurden.

In der nächsten Studie ging es um das Erkennen von Primzahlen. Die Teilnehmer bekamen drei Listen von je 30 Zahlen, eine mit dreistelligen, eine mit vierstelligen und eine mit fünfstelligen Zahlen. Jede Liste enthielt zehn zufällig eingestreute Primzahlen, die markiert werden sollten. Bei den Hunderterzahlen gab Michael fast durchweg richtige Antworten, während die Kontrollperson nur zu zwei Dritteln richtig lag. Bei den vierstelligen Zahlen erzielten die beiden ähnliche Trefferquoten: Von 30 Zahlen identifizierten die Kontrollperson 18 und der Savant 22 korrekt als Primzahlen oder Nicht-Primzahlen. Bei den fünfstelligen Zahlen lag Michael nur bei 15 von 30 richtig, während die Kontrollperson 23 Zahlen zutreffend als Primzahlen oder Nicht-Primzahlen benannte.

Wenn Michael allerdings eine Primzahl richtig bestimmte, war er dabei wesentlich schneller als der andere Teilnehmer. Bei den dreistelligen Zahlen brauchte er dafür nur etwas über eine Sekunde, die Kontrollperson dagegen 11,5 Sekunden. Um vierstellige Zahlen korrekt zu erkennen, benötigte der Savant weniger als drei Sekunden, die Kontrollperson aber mehr als viermal so lang. Bei den fünfstelligen Zahlen brauchte der Savant für das korrekte Bestimmen von Primzahlen zwei Sekunden, die Kontrollperson über zehn Sekunden.

Das Erkennen von Primzahlen läuft bei Michael also fast ohne Verzögerung ab. Es läßt sich nicht sagen, ob er bei manchen Zahlen irgendwann einmal erkannt hatte, daß sie nicht weiter teilbar sind, und sie sich dann merkte, oder ob seine Rechengeschwindigkeit sehr hoch ist und bei der Gruppe der größten Zahlen deshalb zu vielen Fehlern führt. Seine Geschwindigkeit beim Erkennen von Primzahlen ist jedenfalls mit der von nichtbehinderten »Blitzrechnern« vergleichbar.

Schließlich ließen wir beide Teilnehmer Primzahlen auflisten. Wir legten ihnen wieder schriftliche Beispiele vor, die Michael sofort zu begreifen schien. Jeder Teilnehmer sollte zehn Primzahlen zwischen 227 und 281, zehn zwischen 1019 und 1091 und zehn zwischen 10037 und 10133 aufschreiben. Insgesamt sollten also 30 Primzahlen genannt werden.

Die Kontrollperson schrieb insgesamt zwölf Zahlen auf, die er fälschlicherweise für Primzahlen hielt, bei Michael waren es elf. Michael gab im dreistelligen Bereich neun der zehn möglichen Primzahlen korrekt an und im vier- und fünfstelligen Bereich jeweils fünf. Das Resultat der Kontrollperson war mit jeweils acht, fünf und fünf korrekten Primzahlen sehr ähnlich. Wie bei den zwei vorherigen Aufgaben war Michael sehr viel schneller und brauchte, um in den jeweiligen Zahlenbereichen Primzahlen zu ermitteln, sechs, sechs und zehn Sekunden, während der einstige Mathematikstudent 13, 26 und 50 Sekunden benötigte. Die Parallelen zwischen den Fehlern der zwei Teilnehmer legen nahe, daß sie eine ähnliche Strategie benutzten. Beide hielten weitgehend dieselben Zahlen fälschlicherweise für Primzahlen und erkannten dieselben Primzahlen nicht als solche. Fehler der erstgenannten Art traten am häufigsten auf, wenn die Zahlen nicht entweder durch 3 oder durch 11 teilbar waren. Die Kontrollperson gab auch an, daß sie sich die Zahlen in drei getrennte Kategorien eingeteilt hatte. Die erste bestand aus den Zahlen, die durch drei oder elf teilbar waren, denn dies waren einfach durchzuführende Divisionen. In die zweite Kategorie gehörten alle Zahlen, die durch andere Faktoren als drei und elf geteilt werden konnten, und in die dritte die Primzahlen, die überhaupt nicht zerlegbar waren.

Keiner der beiden Teilnehmer hielt je eine Zahl, die durch drei oder elf teilbar war, irrtümlicherweise für eine Primzahl. Andererseits ordnete Michael insgesamt sechs Zahlen versehentlich als Primzahlen ein, vor allem im vierstelligen Bereich, und der Kontrollperson unterliefen vier derartige Fehler. Ein ähnliches Fehlermuster war auch bei den Aufgaben zum Zerlegen in Faktoren und zum Erkennen von Primzahlen erkennbar. Bei beiden Teilnehmern ergaben sich also einige Fehler daraus, daß sie Zahlen, die nicht leicht zu dividieren waren, fälschlicherweise für Primzahlen hielten. Dies spricht dagegen, daß Michael sich die Primzahlen einfach nur eingeprägt hatte.

Während unserer Studien ereignete sich eine amüsante Begebenheit. Eines Tages hielt ein großer luxuriöser Wagen vor unserem eher baufälligen Bürogebäude, und wir sahen, wie ein livrierter Chauffeur einem älteren Mann die drei engen, steilen Treppen zu unseren Räumen hinaufhalf. Unser unerwarteter Besucher war der inzwischen verstorbene Lord Rothschild. Er hatte von unserer Arbeit mit dem Savant gehört, der so gut mit Primzahlen umgehen konnte. Lord Rothschild war während des Kalten Krieges einmal für den britischen Geheimdienst tätig gewesen. Dabei war ihm zu Ohren gekommen, daß die Russen für das Kodieren ihrer Geheimbotschaften offenbar ein System verwendeten, mit dem sie das Vorkommen von Primzahlen vorausberechnen konnten. Ich habe bereits darauf hingewiesen, daß dafür bislang niemand ein Verfahren entdeckt hat. Lord Rothschild aber fragte sich, ob Michael möglicherweise eine solche Lösungsmethode parat hatte. Wir sahen dafür keine Anhaltspunkte, und weil Michael jegliches Sprachverständnis fehlte, konnten wir ihn natürlich auch nicht bitten, sich dazu zu äußern. Lord Rothschilds Frage blieb also unbeantwortet, und der russische Code wurde nicht geknackt.

Als Neil O'Connor und ich die Befunde der drei geschilderten Experimente erstmals veröffentlichten, wiesen wir darauf hin, daß Michaels Strategie der Primzahlenbestimmung jener Methode ähnlich war, die der griechische Astronom und Mathematiker Eratosthenes im dritten Jahrhundert v. Chr. ersann. Das Auftreten der Primzahlen scheint zwar keinem erkennbaren Muster zu folgen und ist möglicherweise wirklich völlig zufällig, doch Eratosthenes fand eine Methode, um festzustellen, ob eine gegebene Zahl eine Primzahl ist oder nicht. Nehmen wir zum Beispiel an, daß wir sämtliche Primzahlen unter 64 finden wollen. Dazu ermitteln wir zunächst sämtliche Primzahlen, die kleiner sind als die Quadratwurzel von 64, also kleiner als 8. Diese Primzahlen sind 2, 3, 5 und 7. Im nächsten Schritt schließen wir alle geraden Zahlen aus und schließlich alle Zahlen, die Vielfache der bereits ermittelten Primzahlen sind, wie beispielsweise 9, 15, 21, 49, 56, 63. Mit den am Ende übrigbleibenden Zahlen, nämlich 11, 13, 17, 19, 23, 29, 31, 37, 41, 43, 47, 53, 59 und 61, haben wir nun sämtliche Primzahlen, die kleiner als 64 sind. Diese Methode läßt sich zur Bestimmung aller Primzahlen einsetzen. Bei großen Zahlen wird das Rechenverfahren natürlich beschwerlich und langwierig, doch wie wir gesehen haben, konnte der junge Colburn es blitzschnell ausführen. Es kommt also vor, daß jemand einen Algorithmus wie den des Eratosthenes flink anwenden, ihn aber nicht bewußt artikulieren kann. Um herauszufinden, ob Michael im Sinne des Eratosthenes vorgegangen war, führten O'Connor und ich zusammen mit unserem Kollegen Mike Anderson weitere Studien durch.

Am ersten Experiment nahm ein neuer Kontrollproband teil, der einen akademischen Abschluß in Mathematik und Elektronik hatte. Er und Michael sollten wiederum Primzahlen erkennen, wobei der Versuchsaufbau diesmal methodisch strenger kontrolliert war. Die zu prüfenden Zahlen fielen in drei Kategorien: klein (unter 200), mittel (zwischen 200 und 500) und groß (über 500). Die Nicht-Primzahlen waren gegliedert in eine Gruppe, die durch 2 oder 5 teilbar war, eine zweite Gruppe, die durch 3, 7 oder 11 teilbar war, und eine dritte Gruppe, die durch 13, 17 oder 19 teilbar war. Die Zahlen wurden einzeln und in zufälliger Reihenfolge auf einem Bildschirm gezeigt, und der Teilnehmer sollte angeben, ob es sich um eine Primzahl handelte oder nicht. Wir registrierten jeweils, wie lange er dafür benötigte.

Michael machte fast keine Fehler und gab in insgesamt 108 Durchgängen nur zwei falsche Antworten. Das eine Mal erkannte er eine der kleinen Zahlen nicht als Primzahl, das andere Mal hielt er eine große Nicht-Primzahl irrtümlich für eine Primzahl. Der Kontrollproband machte 17 Fehler, wobei er meist Zahlen für Primzahlen hielt, die keine waren.

Michael gab nicht nur mehr korrekte Antworten, sondern war mit durchschnittlich 14 benötigten Sekunden auch erheblich schneller als der andere Teilnehmer, der durchschnittlich 52 Sekunden brauchte. Das Zuordnen der größeren Zahlen dauerte bei beiden länger als das der kleineren, und sie benötigten mehr Zeit für das Bestimmen von Primzahlen als für das von Nicht-Primzahlen. Das Muster ihrer Antworten war also insgesamt sehr ähnlich. Beide brauchten auch länger, wenn sie mit einer größeren Zahl dividieren mußten. Als der Kontrollproband zu seiner Strategie befragt wurde, zeigte sich, daß er im wesentlichen nach der Methode von Eratosthenes verfahren war, und da die Ergebnisse beider Teilnehmer einander so ähnlich waren, ist anzunehmen, daß auch Michael so vorging.

Um diese Hypothese zu prüfen, kam in der nächsten, zusammen mit Anderson durchgeführten Studie ein methodisch noch strengeres Verfahren zum Einsatz. Anderson arbeitete zwei Computersimulationen aus. Die eine entsprach dem Algorithmus des Eratosthenes für das Bestimmen von Primzahlen, die andere spielte die Annahme durch, daß Primzahlen als fortlaufende Serie im Gedächtnis gespeichert werden und das Erkennen auf einem Durchsuchen dieses Speichers beruht. Anderson prüfte, welche der zwei Simulationen besser auf die Daten von Michael aus der vorangegangenen Studie sowie auf weitere Daten paßte, die mit einer Gruppe von Mathematikstudenten gewonnen wurden.

Die Ergebnisse bestätigten die Schlußfolgerungen, zu denen O'Connor und ich zuvor gekommen waren. Die Simulation der Eratosthenes-Strategie stimmte viel besser mit den Daten überein als die Simulation nach dem Gedächtnis-Modell, und dies galt für jeden der Teilnehmer. Die Studenten bestätigten im nachhinein, daß sie tatsächlich im Sinne von Eratosthenes vorgegangen waren. Ihre Ergebnisse waren, wie die der Kontrollperson in der der vorherigen Studie, denen von Michael sehr ähnlich.

Nach dieser Reihe von Studien kann man mit einiger Sicherheit davon ausgehen, daß Michael trotz seiner schweren geistigen Behinderung außergewöhnliche Fähigkeiten im Umgang mit Zahlen besitzt. Er wendet dieselben zweckmäßigen Strategien wie mathematisch ausgebildete Menschen an, und seine bedeutenden Fähigkeiten in diesem spezifischen Bereich funktionieren unabhängig von seinen gedanklichen, sprachlichen und sozialen Behinderungen. Trotz seines hohen visuell-räumlichen IQ geht ihm jegliches

Verständnis für die Bedeutungsebene von Dingen und Ereignissen ab. Bei ihm liegt also mehr als nur ein eng umschriebenes Handikap vor. Seine geistigen Prozesse bleiben auf ein Modul der Denkfähigkeit eingegrenzt, das sich auf räumliche Zusammenhänge und Zahlen richtet.

Wie ich noch einmal betonen möchte, ist eine hohe Allgemeinintelligenz offenbar keine notwendige Voraussetzung dafür, daß jemand einen komplexen Algorithmus einsetzen kann, und er muß auch nicht in der Lage sein, den Algorithmus in Worte zu fassen. Dies zeigte sich auch bei einem Kalender-Savant, der an den in Kapitel 7 skizzierten Studien von Lisa Heavey teilnahm. Howard hatte von allen in der Gruppe die größte Rechenspanne und auch den höchsten IQ. Mit seinen verbalen und nonverbalen Intelligenztest-Werten von etwas über 90 lag er allerdings nur im unteren Durchschnittsbereich der Gesamtbevölkerung. Er verfügt jedoch über bemerkenswerte arithmetische Fähigkeiten und kann zum Beispiel auch Primzahlen bestimmen. Als Lisa Heavey ihn fragte, wie er dabei vorging, war er zunächst nicht in der Lage, irgendwelche Angaben dazu zu machen. Nachdem sie Howard über längere Zeit hinweg noch mehrmals danach gefragt hatte, konnte er schließlich, wie der junge Colburn, etwas zu seiner Strategie sagen. Als er einmal innerhalb von drei Sekunden die Zahl 8889 als Nicht-Primzahl identifiziert hatte, erläuterte er, ohne daß sie viel nachhelfen mußte: »Die läßt sich durch 3 teilen.« Bei der Primzahl 9859 sagte er nach elf Sekunden zu Lisa: »Die läßt sich nicht durch 3 und 7 teilen, und 9870 läßt sich nicht durch 11 teilen« (9870 – 11 = 9859), »982 geht nicht durch 13 zu teilen, aber 39 schon« (982 × 10 = 9820, 9820 + 39 = 9859). Er hatte also versucht, Komponenten der Zahl 9859 durch 3, 7, 11 und 13 zu teilen, um zu ermitteln, ob es sich um eine Primzahl handelte. Als Howard eine Primzahl zwischen

10 500 und 10 600 angeben sollte, nannte er in weniger als sechs Sekunden die Zahl 10 511. Zu der Versuchsleiterin sagte er, 10 511 sei nicht durch 3 oder 7 teilbar. Als sie ihn daraufhin fragte, woher er denn wisse, ob die Zahl nicht durch 11 oder 13 teilbar sei, antwortete er: »611 ist durch 13 teilbar, und 10 511 minus 611 ist 9900, und das ist nicht durch 13 teilbar.« Ebenso wie bei Michael war auch bei Howard die Diagnose Autismus gestellt worden, und Menschen mit dieser Störung können oft besonders gut und schnell auf Informationssegmente und -komponenten zugreifen. Aus Howards Angaben läßt sich demnach folgern, daß er seinen autistischen Kognitionsstil zu nutzen vermag, um eine gegebene Zahl in Bestandteile zu zerlegen, die er dann rasch auf mögliche Teiler prüft.

Einige Male sagte Howard bei einer Zahl einfach, seinem Gefühl nach sei das eine Primzahl. Seine Intuition war allerdings nicht untrüglich, und er irrte sich manchmal. Oliver Sacks gibt in dem oben erwähnten Bericht über die Zwillings-Savants mit ihren imposanten Rechenfähigkeiten an, daß sie Kalenderberechnungen über eine Zeitspanne hinweg anstellen konnten, die 40 000 Jahre in die Vergangenheit und in die Zukunft reichte. Er konnte indes nicht immer überprüfen, ob ihre Datenberechnungen korrekt waren oder ob die Zahlen mit zwölf und noch mehr Stellen, die sie nannten, tatsächlich Primzahlen waren (seine Tabellen hörten bei zehnstelligen Primzahlen auf). Sacks zitiert eine Überlegung von Israel Rosenfield, der zufolge eine arithmetische Begabung möglicherweise nicht immer als ein einheitlicher, modularer Bereich von Fähigkeiten anzusehen ist. Die mit Zahlen und Rechnen verbundenen Vorstellungen und Operationen, sagt er, müssen kein homogenes kognitives System bilden, sondern können in »Sub-Module« aufgespalten sein, die sich vielleicht auf-

grund eines besonderen Interesses an der Materie entwickelt haben. Ich habe eine ähnliche These vertreten, als
ich Ihnen Menschen mit eng umschriebenen Begabungen
für bestimmte Unteraspekte der Sprache vorstellte. Die Vermutung scheint durchaus plausibel, daß solche »Sub-
Module« auf einen Autisten eine besondere Anziehungs-
kraft ausüben können, weil er zu einem obsessiven Interesse
für eng eingegrenzte Aspekte neigt.

A. C. Aitkin, der als einer der virtuosesten Kopfrechner
des zwanzigsten Jahrhunderts gilt, betrachtete seine Gabe
als eine »zusammengesetzte Fähigkeit«, für die er keine
angemessene Erklärung geben konnte. Selbst wenn aber
jemand nicht in der Lage ist, die zu seiner außerordentlichen Leistung beitragenden Prozesse hinreichend zu
beschreiben, kann es trotz allem sein, daß die entsprechenden kognitiven Vorstellungen in einer abstrakten Form vorhanden sind. Sie bleiben dann im Hintergrund und müssen
nicht direkt auf beobachtbare, mit Sinneswahrnehmungen
zusammenhängende Eigenschaften verweisen, ganz gleich,
ob sie sich auf die Mathematik, die Musik, die Kunst oder
die Sprache beziehen. Inspiration und Kognition schließen
einander keineswegs aus. Der junge Mozart hat zweifellos
vortreffliche Musik geschaffen. Doch als er im Alter von
nicht einmal drei Jahren einmal ein Ferkel quieken hörte
und sofort rief: »Gis!«, benannte er damit ein musikalisches
Strukturmerkmal. Dies war, so schwer Mozarts wundersame Musikalität ansonsten auch zu fassen sein mag, eine klar
und eindeutig beschreibbare analytische Leistung. Eine
außergewöhnliche und geheimnisvoll wirkende Spezialbegabung schließt also nicht aus, daß der Betreffende ein
explizites oder intuitives Wissen über die Gesetzmäßigkeiten und Strukturen hat, die zum Beispiel das Reich der Zahlen oder einen seiner »Unterbezirke« kennzeichnen.

# Kapitel 9: Zeichnen

Die Gespräche, die ich mit dem großen Kunstgeschichtler Sir Ernst Gombrich führen durfte, haben starken Einfluß auf meine Forschungen mit Savant-Künstlern gehabt, und ich verdanke ihm sehr viel. Natürlich, so sagt er, lassen sich nicht alle bildlichen Darstellungen als Kunst bezeichnen. Es gebe allerdings auch keine allgemeingültige Definition von Kunst, sondern nur individuelle Künstler. In diesem kurzen Kapitel und den zwei folgenden befasse ich mich mit Savants, die überdurchschnittlich gut zeichnen oder malen können. Sie alle sind Autisten und stellen in ihren Bildern eher die konkrete Außenwelt dar, als abstrakte Kompositionen oder »konzeptuelle Kunst« zu schaffen. Dennoch geben sie die Realität nicht fotografisch genau wieder, auch wenn manche von ihnen oft Fotos als Vorlagen verwenden. Andere Savant-Künstler zeichnen aus dem Gedächtnis oder bilden Szenen ab, die sie unmittelbar vor sich haben. Sie alle haben dabei einen klar ausgeprägten persönlichen Stil. Auf solche individuellen Merkmale komme ich später zu sprechen. In diesem Kapitel möchte ich nur einige Zeichnungen vorstellen, die Savants aus der von uns untersuchten Gruppe angefertigt haben.

Alle bildlichen Darstellungen der wirklichen Welt sind Transformationen. Gombrich sagt, daß ein Bild ebensowenig wahr oder falsch sein kann wie eine Aussage blau oder grün. Aspekte der realen Welt in einem Bild festzuhalten heißt, sich verschiedener Arten von Darstellungsschemata zu bedienen, die Illusionen erzeugen. Selbst der Prozeß des Sehens ist in sich bereits ein konstruktiver Akt. Das Auge übermittelt dem Gehirn lediglich Reihen von sich ständig verändernden elektrochemischen Einzelimpulsen, die dann zu zusammenhängenden »Perzepten« strukturiert und umgestaltet werden. Und wie Frederick Bartlett, einer der ersten großen Experimentalpsychologen, bereits 1910 gezeigt hat, zeichnen oder malen wir nicht nur, was wir *sehen*, sondern werden dabei auch von dem beeinflußt, was wir *wissen*. Deshalb ist, wie Gombrich schrieb, »das unschuldige Auge ein Mythos«.

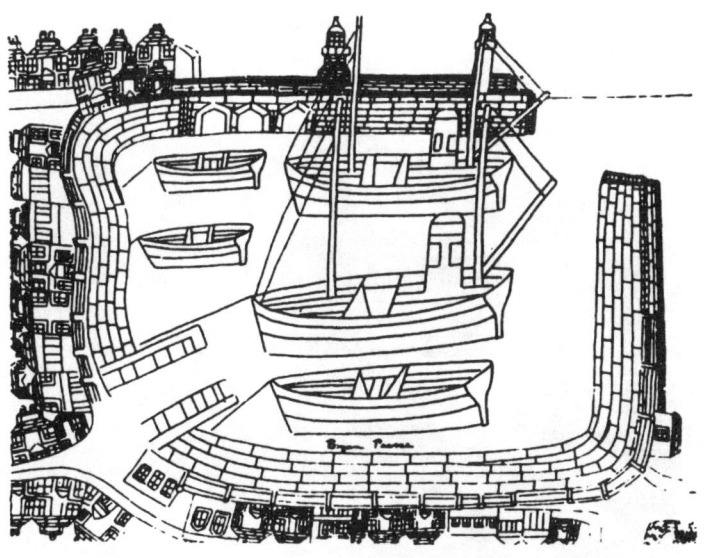

*Abbildungen 9.1–9.3:*
*Beispiele für Zeichnun-*
*gen von Savants*

*Abbildungen 9.4–9.7:*
*Beispiele für Zeichnun-*
*gen von Savants*

Oft wird angenommen, Autisten kämen dieser Unschuld des Auges näher als andere Menschen, da sie viel weniger dazu neigen, die Welt nach Kategorien einzuteilen und mit Begriffen zu fassen. Dies versetze sie in die Lage, das tatsächlich Gesehene auf eine unmittelbarere Weise bildlich darzustellen. Mit dieser Annahme werde ich mich im übernächsten Kapitel eingehender auseinandersetzen. Hier aber möchte ich zunächst eine Reihe von Experimenten zum Zeichnen schildern, von denen ich einige in den achtziger Jahren zusammen mit Neil O'Connor durchführte, andere in jüngerer Zeit zusammen mit Linda Pring und unseren Forschungskolleginnen.

O'Connor und ich gingen zunächst der Frage nach, ob autistische Savants abstrakte Formen, die nichts Gegenständliches darstellten, zuordnen und sich merken beziehungsweise sie zeichnen konnten. Waren ihre Wahrnehmungen und Erinnerungen in dieser Hinsicht detaillierter und genauer als die anderer Menschen?

Wir verglichen drei Gruppen von Teilnehmern miteinander. Die erste bestand aus acht Savant-Künstlern, die alle als autistisch diagnostiziert worden waren. Außerdem gab es zwei Kontrollgruppen. Die Savants waren zwischen 17 und 28 Jahre alt. Ihre Intelligenztestwerte reichten von 38 bis 78, und Kunstexperten vom Lehrerseminar der Londoner Universität hatten sie anhand ihrer Zeichnungen ausgewählt. Die zweite Gruppe umfaßte acht normalintelligente Schüler und Collegestudenten, die nach dem Urteil ihrer Lehrer für das Aufnahmeverfahren einer Kunstakademie in Frage kamen. Sie alle waren über 16 Jahre alt. Die Teilnehmer der dritten Gruppe hatten keine besondere Zeichenbegabung und waren nach Diagnose, Alter und Intelligenzniveau mit den Savants parallelisiert.

Zunächst zeigten wir jedem Teilnehmer in mehreren

Durchgängen jeweils eine Zeichnung eines unregelmäßig geformten Gebildes, die er sich genau anschauen sollte. Ohne diese Vorlage wegzunehmen, legten wir ihm dann einen Satz von fünf sehr ähnlichen Zeichnungen vor, von denen nur eine in allen Details mit der ersten übereinstimmte. Er sollte uns zeigen, welche der fünf Zeichnungen mit der Vorlage identisch war. Auf dieselbe Weise verfuhren wir mit insgesamt neun Vorlagen. Dieser Teil des Experiments prüfte also die Fähigkeit, Gestalten und Formen durch genaues Wahrnehmen von Details miteinander zu vergleichen.

Wir wollten außerdem das Gedächtnis für optische Formen untersuchen und hatten deshalb eine zweite Untersuchungsbedingung konzipiert, bei der wir eine weitere Reihe von Zeichnungen verwendeten. Der Teilnehmer konnte die Formen diesmal nicht direkt vergleichen, sondern nur aus der Erinnerung. Jede Vorlage wurde jeweils fünf Sekunden lang gezeigt und dann weggenommen. Nach einer Pause von zehn Sekunden legten wir dem Teilnehmer fünf sehr ähnliche Zeichnungen vor, von denen nur eine völlig mit der zuerst gesehenen übereinstimmte. Die Zuordnungsaufgabe war also dieselbe wie unter der ersten Bedingung, nur daß der Teilnehmer sich diesmal auf sein Gedächtnis stützen mußte.

Es zeigte sich, daß die zeichenbegabten Schüler und Studenten unter beiden Versuchsbedingungen besser abschnitten als die Savantgruppe und die nach IQ mit den Savants parallelisierte Kontrollgruppe. Alle Teilnehmer der beiden letzteren Gruppen kamen besser zurecht, wenn sie sämtliche Zeichnungen vor sich hatten, als wenn sie unter den fünf Zeichnungen die Vorlage wiedererkennen sollten, doch für die zeichenbegabten Schüler und Studenten galt dies nicht. Die künstlerische Begabung der Savants schien also

nicht damit zusammenzuhängen, daß sie bei nichtgegen-
ständlichen Darstellungen genau auf Details geachtet und
sie sich besonders gut gemerkt hätten.

Diese Resultate sind bemerkenswert, weil Savants in
ihren gegenständlichen Zeichnungen oft eine herausragende Fähigkeit an den Tag legen, Einzelheiten von Szenen oder
Objekten wiederzugeben, die sie vor sich sehen oder an die
sie sich erinnern. Um dem offensichtlichen Widerspruch
zwischen dieser Beobachtung und unseren Befunden auf
den Grund zu gehen, führten wir ein weiteres Experiment
durch. Die Teilnehmer sollten Formen, die von den zuvor
gezeigten selbstverständlich verschieden waren, entweder
direkt abzeichnen oder aus dem Gedächtnis wiedergeben.
Es zeigte sich, daß jeder der Teilnehmer genauer zeichnete,
wenn er eine Form direkt vor sich hatte, als wenn er auf die
Erinnerung angewiesen war. Doch anders als bei der vorherigen Studie, bei der kein Zeichnen erforderlich gewesen
war, schnitten die Savants nun bei beiden Zeichenaufgaben
ebensogut ab wie die Teilnehmer, die zeichnerisch ähnlich
begabt waren, aber viel höhere IQs hatten. Die Teilnehmer
der dritten Gruppe entsprachen in ihrem Intelligenzniveau
den Savants, hatten aber keine Zeichenbegabung. Sie zeigten deutlich schwächere Leistungen. Das zentrale Ergebnis
der Zeichentests war also: Die Leistung der künstlerisch
begabten Savants schien nicht von ihrem Intelligenzniveau
abzuhängen, sondern von ihrer zeichnerischen Spezialbegabung – anders als in der vorherigen Studie, bei der nur Formen miteinander zu vergleichen waren. Dies deutet darauf
hin, daß die Fähigkeiten der Savants sich auf die Tätigkeit
beschränkten, für die sie begabt waren. Zwar hatte die Intelligenz offenbar Einfluß darauf, wie gut ein Teilnehmer Einzelheiten erfaßte und wiedererkannte. Wie genau er aber
zeichnen konnte, hing damit nicht zusammen.

Das in diesen Studien verwendete Material waren Zeichnungen von abstrakten Gebilden, und es stellte sich die Frage, ob gegenständliche Bilder zu denselben Ergebnissen führen würden. Wir machten uns deshalb an eine weitere Studie. Die untersuchten Gruppen waren dieselben wie zuvor. Wir zeigten den Teilnehmern jeweils fünf Sekunden lang die Zeichnung eines Gegenstands und nahmen sie dann weg. Sie sollten entscheiden, ob ein zehn Sekunden danach gezeigtes Bild entweder mit dem ersten identisch war oder in einem kleinen Detail von ihm abwich. Unter der zweiten Versuchsbedingung sollten sie das dargestellte Objekt aus dem Kopf zeichnen. Die Ergebnisse deckten sich mit den vorherigen. Die Savants und die nach IQ mit ihnen parallelisierten Teilnehmer hatten mehr Mühe damit, sich die Zeichnungen in ihren Einzelheiten zu merken, als die normalintelligenten, zeichenbegabten Teilnehmer. Doch zum Nachzeichnen aus dem Gedächtnis waren die Savants wiederum ebenso gut in der Lage wie die intelligenteren Teilnehmer. Wenig überraschend war, daß die beiden zeichenbegabten Gruppen in dieser Hinsicht der dritten Gruppe überlegen waren.

O'Connor und ich bezogen nun eine bislang noch nicht untersuchte Variable in die Experimente ein. Das Zeichnen wird zwar über die Augen gesteuert, ist im wesentlichen aber eine mit Arm und Hand ausgeführte motorische Aktivität. Wir fragten uns, ob die zeichenbegabten Teilnehmer in ihren Zeichnungen nur visuelle Merkmale richtig wiedergaben oder ob auch die entsprechenden Bewegungsmuster erhalten blieben. Um dies zu überprüfen, stellten wir Formen her, die aus Draht auf einer ebenen Oberfläche bestanden. Den Teilnehmern wurden die Augen verbunden, und sie fuhren die Formen mit den Fingern nach. Nachdem wir ihnen die Augenbinde wieder abgenommen hatten, sollten sie die gerade abgetasteten Formen entweder wiedererkennen oder nachzeichnen.

Interessanterweise entsprach das Grundmuster der Ergebnisse dem der vorherigen Studien. Nur als die ertasteten Bilder zu zeichnen waren, zeigten die zwei künstlerisch begabten Gruppen ähnliche und deutlich bessere Leistungen als die nicht begabte Gruppe. Die Savants konnten also die Vorlagen, ungeachtet dessen, ob sie sie gesehen oder ertastet hatten, ebensogut aus dem Gedächtnis nachzeichnen wie die zeichenbegabten Schüler und Studenten.

In dieser Serie von Studien waren die Savant-Künstler also nur dann den Teilnehmer mit den gleichen Diagnosen und IQs überlegen, wenn sie tatsächlich zeichneten. Dies erinnert an Lisa Heaveys Befunde zum Datengedächtnis von Kalender-Savants. Sie stellte fest, daß die Savants sich Kopplungen von Daten und Wochentagen, die sie zuvor berechnet hatten, besser merken konnten als solche, die sie nur eingehend betrachtet hatten. Auch in diesem Fall war also nur die Aktivität selbst, für die die Savants eine Spezialbegabung hatten, mit einer besseren Erinnerungsleistung verknüpft.

In seinem Buch *Kunst und Illusion: Zur Psychologie der bildlichen Darstellung* sagt Gombrich, daß Zeichnen eine Tätigkeit ist und der Künstler deshalb dazu neigt, mehr auf das zu achten, was er tut, als auf das, was er sieht. Unsere Forschungsbefunde legen nahe, daß dies für Savants ebenso gilt wie für Künstler im allgemeinen.

# Kapitel 10: Abbildungsstrategien

Ich möchte zu Beginn dieses kurzen Kapitels über Savant-Künstler auf eine Studie eingehen, die einen Zusammenhang aufzeigte zwischen einer Zeichenbegabung und der ausgeprägten Fähigkeit, ein Muster in seine Einzelbestandteile zu zerlegen. Linda Pring und ich verglichen die Leistungen von vier Gruppen beim bereits erwähnten Mosaiktest, der aus einem der bekanntesten Tests zur Allgemeinintelligenz stammt. Die Aufgabe besteht darin, aus einzelnen Bauklötzen ein komplexes zusammengesetztes Muster nachzulegen, wobei jedes Klötzchen ein Segment des Gesamtmusters zeigt (siehe S. 61). Die erste der Gruppen bestand aus denselben Savant-Künstlern, die an der in Kapitel 9 erwähnten Studienreihe teilgenommen hatten, die zweite aus Kunststudenten einer Universität. Die Mitglieder der zwei übrigen Gruppen verfügten über keine besonderen künstlerischen Fähigkeiten und waren jeweils nach ihrem Intelligenzniveau mit Mitgliedern der zwei ersten Gruppen parallelisiert.

Autisten schneiden beim Mosaiktest im allgemeinen besser ab, als man das von ihrer Allgemeinintelligenz her erwarten würde. Unsere Fragestellung war, ob die Fähigkeit, ein Muster aus seinen Einzelelementen zu rekonstruieren, bei autistischen Savant-Künstlern möglicherweise sogar noch ausgeprägter und außerdem auch bei Kunststudenten in besonderem Maße vorhanden war. Es zeigte sich, daß sowohl die Savants als auch die Kunststudenten im Mosaiktest höhere Werte erzielten als die Teilnehmer ohne besondere künstlerische Begabung. Der Zusammenhang zwischen einer künstlerischen Begabung und der Fähigkeit, ein Muster in seine Segmente zu zerlegen und es daraus dann wieder zusammenzusetzen, ist also nicht nur bei Autisten zu erkennen, sondern auch bei zeichnerisch begabten nichtbehinderten Menschen.

Nach dieser Vorstudie zu den Strategien, mit denen ein Muster aus seinen Einzelelementen zu rekonstruieren ist, wandten Linda Pring und ich uns der Frage zu, ob die Savants wohl in der Lage waren, zwei für die westliche Kunsttradition zentrale Darstellungsmittel zu verwenden. Das eine Mittel ist die *Linearperspektive*, das andere das *Ignorieren der Größenkonstanz in der Wahrnehmung*.

Schon in der Antike wußte man auf einer zweidimensionalen Fläche die Illusion eines dreidimensionalen Raumes dadurch zu erzeugen, daß man Licht und Schatten geschickt variierte und perspektivische Verkürzungen einsetzte. Ein Beispiel sind die Wandgemälde von Pompeji. Doch erst in der italienischen Renaissance wurden die Gesetze der Linearperspektive geometrisch genau bestimmt. Eines dieser Grundprinzipien ist, daß Linien, die in der wirklichen, dreidimensionalen Welt vom Betrachter weg und parallel zueinander verlaufen (etwa Eisenbahnschienen), sich auf einem Bild einander annähern müssen, damit die Illusion von Tiefe entstehen kann. Die konvergierenden Linien treffen sich, wenn sie bis zum Horizont fortgesetzt werden, dort in einem »Fluchtpunkt«. Die Position des Punktes hängt davon ab, wie weit das Auge von der Bildebene entfernt ist.

Das zweite Darstellungsmittel besteht darin, das Wahrnehmungsphänomen zu ignorieren, daß uns ein Objekt auch bei wachsender Entfernung immer noch gleichgroß erscheint, obwohl es nach optischen Gesichtspunkten immer kleiner wird. Unsere Wahrnehmung orientiert sich nicht nur an der jeweiligen Größe des Netzhautbildes. In sie fließt auch unser Erfahrungswissen über die Größe des Objekts und seine Entfernung von uns ein, damit unser Gehirn in der Lage ist, eine relativ stabile visuelle Welt zu erzeugen. Wenn eine Person von uns weggeht, bekommen wir also nicht den Eindruck, sie sei bei doppelter Entfernung nur noch halb so groß wie vorher. Die Größenkonstanz in der Wahrnehmung erlaubt es uns, einen Kompromiß zwischen dem optischen Bild und unserem Erfahrungswissen zu schließen, und in der daraus hervorgehenden Wahrnehmungswelt haben wir nicht das Empfinden, die Dinge würden beständig schrumpfen und wachsen. Erst wenn die Entfernungen sehr groß werden, etwa wenn wir die Sterne oder ein Flugzeug am Himmel anschauen, erscheinen uns Objekte als sehr viel kleiner, als sie unserem Wissen nach sind.

In der westlichen Bildkunst setzt man sich über die Größenkonstanz in der Wahrnehmung weitgehend hinweg. Die Distanz eines Objekts zum Betrachter stellt der Künstler also so dar, daß er die Objektgröße auf dem Bild proportional zur Distanz verkleinert. Das heißt, auf einer zweidimensionalen Fläche erzeugt man die Illusion von Raumtiefe dadurch, daß man von dem normalerweise wirksamen Wahrnehmungsmechanismus der Größenkonstanz absieht und statt dessen eher die optische Größe der Objekte wiedergibt. Sowohl die Linearperspektive (also das Erzeugen der Illusion von Raumtiefe, indem man Linien, die in der realen Welt parallel zueinander verlaufen, konvergieren läßt) als auch das Absehen vom Wahrnehmungsphänomen der Größenkonstanz sind Elemente unseres traditionellen Bildvokabulars. Die Loslösung der modernen Kunst von ihnen setzte mit Picasso ein. Das traditionelle Bildvokabular bleibt jedoch nach wie vor bestehen, auch wenn Picasso seine Regeln durchbrochen hat.

Linda Pring und ich untersuchten, ob Savant-Künstler diese zwei Darstellungsmittel spontan verwendeten, wenn sie ohne Vorlage zeichneten. An der Studie nahmen neun Savant-Künstler teil, die alle autistisch waren, und neun normalintelligente, zeichenbegabte Kinder. Die Teilnehmer waren wiederum von Kunstexperten und Lehrern daraufhin beurteilt worden, ob sie eine künstlerische Begabung erkennen ließen. Die Savants waren zwischen 17 und 29 Jahren alt, und ihr geistiges Entwicklungsalter, das mit einem Test zum räumlichen Denken ermittelt wurde, lag zwischen 8 und 13 Jahren. Dieser Bandbreite des geistigen Entwicklungsalters entsprach das chronologische Alter der nicht-autistischen Kinder, das heißt, sie waren zwischen 8 und 13 Jahre alt. Wir gaben jedem Teilnehmer ein Blatt Zeichenpapier im Format A4 und forderten ihn auf, eine Straße zu zeichnen, die am unteren Blattrand anfing und weit weg am oberen Rand endete. Anschließend baten wir ihn, drei Autos auf die Straße zu zeichnen. Eines sollte sich ganz nahe bei ihm befinden (also am unteren Rand), eines in mittlerer Entfernung und eines weit weg zum Ende der Straße hin.

Ein Kunstexperte wertete die Zeichnungen aus, ohne zu wissen, welche von Savants und welche von den Schulkindern stammten. Er stellte fest, daß acht der neun Savants und alle neun anderen Kinder die Straße so gezeichnet hatten, daß die Ränder auf einen Fluchtpunkt hin zusammenliefen. Interessanterweise hatte der Savant, der die Straße mit zwei parallelen Linien darstellte, einen der höchsten IQs seiner Gruppe, was die Vorstellung stützt, daß die Zeichenbegabung von Savants unabhängig von ihrer Intelligenz ist. Sieben Savant-Künstler und acht Kontrollpersonen zeichneten die Autos so, daß sie mit wachsender Entfernung kleiner wurden. Die statistische Analyse ergab, was die Verwendung der Linearperspektive und das Ignorieren der

wahrgenommenen Größenkonstanz anging, keine signifikanten Unterschiede zwischen den Gruppen.

Aus diesen Befunden geht hervor, daß die Savant-Künstler und die normalintelligenten, zeichenbegabten Kinder
die untersuchten Abbildungsregeln gleichermaßen gut einzusetzen wußten. Unsere künstlerisch begabten Teilnehmer
kannten die betreffenden Mittel, mit denen sich ein dreidimensionaler Raum auf einer zweidimensionalen Fläche wiedergeben läßt, und hatten sie sich offenbar im Kontakt mit
unserer Welt erschlossen, die voll von bildlichen Darstellungen wie Plakaten und Illustrationen ist. Festzuhalten ist,
daß sie nicht nach einer Vorlage zeichneten und daß die
untersuchten Merkmale zu einem spezifischen Bildvokabular gehörten, das der Leistung sowohl der Savant-Künstler
als auch der künstlerisch begabten, normalintelligenten
Kinder zugrunde lag.

Ich möchte mich nun einem etwas anderen Aspekt von
Abbildungsstrategien zuwenden. O'Connor und ich wollten wissen, wie sich eine Reihe von Versuchsbedingungen
auf die Zeichnungen von Savants auswirken würde. Wir verglichen eine Gruppe autistischer Savant-Künstler mit
künstlerisch begabten Kindern desselben geistigen Entwicklungsalters. Zunächst sollten die Teilnehmer eine dreidimensionale Modellszene zeichnen, die vor ihnen auf dem
Tisch plaziert war. In der zweiten Bedingung legten wir
ihnen eine Fotografie der Szene vor. Der Übergang von der
dreidimensionalen Szene zu einer zweidimensionalen Darstellung war hier also bereits vollzogen, so daß sie sich unter
Umständen stärker auf die künstlerischen Aspekte des
Zeichnens konzentrieren konnten und auf die zweidimen-
sionale Umsetzung weniger achten mußten. Unter der dritten Bedingung wurde die Modellszene gezeigt und dann
weggenommen, so daß sie sie aus dem Gedächtnis zeichnen

mußten. Dies bot ihnen mehr Freiraum, das Gesehene in ein Bild zu überführen, das von ihrem individuellen Stil und ihren Vorlieben geprägt war. Schließlich stellten wir das dreidimensionale Modell wieder auf den Tisch zurück, und die Teilnehmer sollten nicht das zeichnen, was sie selbst sahen, sondern die Sicht einer Person wiedergeben, die in einem 90-Grad-Winkel zu ihnen saß und das Modell also nicht von vorne, sondern von der Seite anschaute.

Diese vierte Versuchsbedingung war von besonderem Interesse, weil ein Autist, wie ich erläutert habe, sozusagen »blind« dafür ist, daß die Gedanken, Urteile und Meinungen anderer Menschen sich von den seinen möglicherweise unterscheiden. Uta Frith und ihre Mitarbeiter waren in einer Reihe von innovativen Studien zu dem Schluß gekommen, daß autistische Menschen keine »Theorie der psychischen Welt« entwickelt haben. Der Professor der Urgeschichte Steven Mitner hat kürzlich die auf archäologische Funde gestützte These aufgestellt, daß Menschen erst vor etwa 30 000 Jahren fähig wurden, die Denkprozesse anderer nachzuvollziehen. Diese evolutionäre Errungenschaft scheint Autisten bedauerlicherweise abzugehen. Die Fragestellung unserer Studie war nun, ob die »psychologische Blindheit« autistischer Savant-Künstler sich nicht nur auf die Denkprozesse anderer, sondern auch auf deren konkretes Blickfeld erstreckt.

Abbildung 10.1 zeigt die Modellszene, Abbildung 10.2 eine der danach entstandenen Zeichnungen. In Abbildung 10.3 ist die Zeichnung zu sehen, die ein Savant nach einer Fotografie anfertigte. Abbildung 10.4 hat ein Savant aus dem Gedächtnis gezeichnet, und Abbildung 10.5 ist die Zeichnung eines weiteren Savant, in der er den Blickwinkel einer anderen Person wiedergibt. In diesen Zeichnungen von verschiedenen Savant-Künstlern sind individuelle Stile

*Abbildung 10.1: Modell*

*Abbildung 10.2: Zeichnung nach Modell*

*Abbildung 10.3: Zeichnung nach Foto*

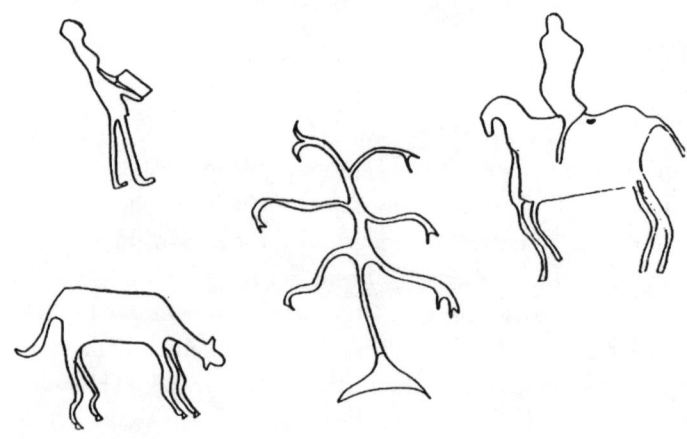

*Abbildung 10.4: Zeichnung nach dem Gedächtnis*

178

*Abbildung 10.5: Zeichnung aus anderem Blickwinkel*

und Vorlieben klar zu erkennen, ebenso wie der jeweils unterschiedliche Gestaltungsspielraum, den die Aufgaben eröffneten. Alle Zeichnungen wurden von Mitgliedern der Kunstfakultät am Lehrerseminar der Londoner Universität nach ihren künstlerischen Qualitäten bewertet. Sie berücksichtigten fünf Kriterien, die sie jeweils auf einer Skala von 1 bis 5 einschätzten. Das erste Kriterium betraf die Lebendigkeit und sinnliche Qualität der gezeichneten Objekte, das zweite die Vitalität von Linienführung und Textur. Die übrigen Kriterien waren, inwieweit sich ein markanter individueller Stil erkennen ließ, wie die Zeichnung aufgebaut und komponiert war und inwieweit das Bild den Betrachter unmittelbar ansprach. In keinem der Kriterien ergab sich ein Unterschied zwischen den beiden künstlerisch begabten Gruppen.

Von besonderem Interesse ist hier die Versuchsbedingung, bei der die Teilnehmer wiedergeben sollten, wie die Szene aus einem anderen Blickwinkel als dem ihren aussah. Den Autisten gelang dies ebensogut wie der anderen Gruppe. Es gab also keine Anhaltspunkte dafür, daß die Savants für den konkreten Blickwinkel anderer »blind« gewesen wären. Hieraus lassen sich vorläufige, aber interessante Schlußfolgerungen ziehen. Fast alle Savants sind autistisch und können somit die Gedanken, Auffassungen und Empfindungen anderer nur eingeschränkt wahrnehmen. Wenn solche autistischen Menschen aber künstlerisch begabt sind, können sie eine Szene nicht nur so zeichnen, wie sie selbst sie sehen, sondern auch so, wie sie sich aus der Perspektive eines anderen darstellen würde. Wie auch bei anderen Savant-Begabungen treten hier also geistige Prozesse, die im sonstigen Verhalten nicht zum Tragen kommen, bei Tätigkeiten in Erscheinung, die direkt mit der Begabung zu tun haben. Man muß natürlich berücksichtigen, daß sich eine Vorstellung, die man vom inneren Zustand eines anderen Menschen gewinnt, vom Nachvollziehen seines konkreten visuellen Blickwinkels in wichtigen Aspekten unterscheidet. Um seinen visuellen Blickwinkel zu erfassen und zu zeichnen, muß man sich nicht in sein Innenleben hineinversetzen. Als wir Stephen, dem in Kapitel 1 bereits erwähnten Savant-Künstler, zum ersten Mal begegneten, zeichnete er das Bild eines Verkehrsunfalls, so als hätte er ihn von einem Dach herunter und nicht von der Straße aus beobachtet. Autistische, zeichenbegabte Savants sind in der

Lage, sich auch anderer Aspekte eines spezifischen künstlerischen Vokabulars zu bedienen – wie wir gesehen haben,
verwenden sie zum Beispiel spontan die Linearperspektive
und ignorieren das Wahrnehmungsphänomen der Größenkonstanz. Unsere autistischen Savants waren beim Zeichnen offenbar keineswegs auf das eingeengt, was sie sahen
oder gesehen hatten, sondern nahmen sich ebensoviel
künstlerische Freiheiten wie die Kontrollpersonen.

In seinem Buch *Inner Vision: An Exploration of Art and the
Brain* erläutert Semir Zeki, daß je nachdem, ob wir ein Bild
anfertigen oder es wahrnehmen, im Gehirn unterschiedliche Areale und Mechanismen aktiv sind. Er führt den Fall
eines Patienten an, der nach einem Schlaganfall Schwierigkeiten mit dem Sehen von Objekten hatte, aber die Londoner Kathedrale St. Paul in dreidimensionaler Perspektive zu
zeichnen vermochte. Obwohl er aber die Einzelheiten seines
eigenen Bildes sehen und beschreiben konnte, zum Beispiel
die Schräge der Linien, war er nicht imstande, die einzelnen
Elemente zu einem Ganzen zusammenzuführen und zu
erkennen, was er da selbst gezeichnet hatte. Sein implizites
Wissen über Objekte und über Zeichnungen, die Objekte
darstellen, war zerstört worden. D. D. Hoffman bringt in
seinem Buch *Visuelle Intelligenz: Wie die Welt im Kopf entsteht*
die Regeln des Sehens mit Noam Chomskys »Universalgrammatik« in Verbindung. Wir integrieren, so sagt er, Lini-
en, Tiefenwirkung, Farbe, Form und Bewegung zum Vorgang des »Sehens«, der ein Verbinden und Umwandeln von
visuellen Einzelreizen ist. Für die künstlerische Darstellung
aber muß dieser Prozeß erst wieder in seine Komponenten
zerlegt werden, damit ein Gesamtbild zustande kommen
kann. Der US-amerikanische Psychologe J. J. Gibson hat
bereits in den dreißiger Jahren darauf hingewiesen, daß eine
Alternative zur üblichen Wahrnehmung darin besteht, die

Welt wie ein Bild anzuschauen. Die hier vorgestellten Befunde lassen meiner Meinung nach den Schluß zu, daß diese Alternative auch autistischen Savant-Künstlern offensteht.

# Kapitel 11: Zwei Savant-Künstler

Heinrich Wölfflin, der von vielen als der Begründer der modernen Kunstgeschichte angesehen wird, geht in seinem erstmals 1915 erschienenen Buch *Kunstgeschichtliche Grundbegriffe* auf die Lebenserinnerungen des Künstlers Ludwig Richter ein. Richter erzählt dort, wie er in den zwanziger Jahren des neunzehnten Jahrhunderts »als junger Mensch, zusammen mit drei Kameraden, einen Ausschnitt der Landschaft zu malen unternahm, er und die anderen fest entschlossen, von der Natur dabei nicht um Haaresbreite abzuweichen.« Doch obwohl sich jeder getreu an die Abmachung hielt, kamen vier völlig unterschiedliche Bilder heraus. Richter zog daraus den Schluß, daß objektives Sehen ein Ding der Unmöglichkeit ist. Jedes Individuum fasse Formen, Farben, Licht und die Wechselbeziehungen zwischen ihnen stets in Abhängigkeit von seinem Temperament und seiner einzigartigen Persönlichkeit auf.

Natürlich gibt es auch deshalb ganz unterschiedliche künstlerische Stile, weil das jeweilige Land und das kulturelle Umfeld ihren Einfluß ausüben und weil im Laufe der Zeit neue stilistische Bewegungen aufkommen. Diese Faktoren treten dann in Wechselwirkung mit persönlichen Vorlieben und Neigungen. Wölfflin arbeitet zwei grundlegende Stile in der westlichen Kunst heraus, die er »das Lineare« und »das Malerische« nennt. Weil in der Arbeit von zwei Savant-Künstlern, um die es hier gehen soll, Aspekte dieser stilistischen Merkmale erkennbar sind, möchte ich kurz auf

Wölfflins Definitionen eingehen. Der lineare Stil, so sagt er, trat in der italienischen Renaissance des fünfzehnten Jahrhunderts hervor. Filippo Brunelleschi und Leon Battista Alberti formulierten die Gesetze der Linearperspektive, durch die sich der Bildraum als optisch kontinuierlich und mathematisch kohärent darstellen ließ. Masaccio malte ein Fresko, auf dem die Illusion der Kontinuität zwischen Real- und Bildraum vollkommen war. Auf den Gemälden und Fresken aus jener Epoche wahren die einzelnen Objekte ihre Unterscheidbarkeit und Eigenständigkeit, weil sie von klaren durchgehenden Umrissen begrenzt werden. Farbe wird in erster Linie eingesetzt, um die von diesen Konturen geschaffenen Formen zu betonen. Im linearen Stil dominieren also Linie und Kontur.

In Venedig setzte die Renaissance etwas später als in Florenz und Rom ein. Hier entwickelte sich das, was Wölfflin das Malerische nennt und dann im siebzehnten Jahrhundert während des Barock vorherrschend wurde. In seiner Entstehung war dieser Stil, der von Licht, Ton und Farbe bestimmt ist, wahrscheinlich von Venedigs unablässig wechselndem Spiel des Lichts beeinflußt, das Eindrücke und Formen erzeugt, die ohne materielle Substanz sind. Im malerischen Stil werden die Linien undeutlich und verschwinden manchmal ganz. Statt dessen dominieren Farbe und Licht, die Vorrang vor abgegrenzten individuellen Formen haben. Das Fehlen von klar begrenzenden Linien erzeugt eine Atmosphäre des Schwebenden. Diese Unbestimmtheit ist laut Wölfflin die Essenz des Malerischen. Wölfflins stilistische Unterscheidungen lassen sich nicht nur auf verschiedene Epochen wie die Renaissance oder das Barock anwenden, sondern auch auf verschiedene Künstler aus derselben Epoche. Unter den Malern des neunzehnten Jahrhunderts zum Beispiel wird Ingres oft als der Meister der makellosen Linie beschrieben und Delacroix als der Virtuose des exquisiten Pinselstrichs. Wölfflin wandte seine Begriffe des Linearen und des Malerischen nicht nur auf die Malerei an, sondern auch auf Bildhauerei und Architektur.

Mancher Leser mag es als unangemessen empfinden, daß ich die Leistungen von Savant-Künstlern mit solchen bedeutenden Kunstströmungen und Namen in Verbindung bringe. Ich glaube aber, daß sich die Unterscheidung zwischen dem Linearen und dem Malerischen recht gut auf die Arbeit der zwei Savants, um die es in diesem Kapitel gehen soll, übertragen läßt. Wie ich angedeutet habe, interagieren Faktoren wie kulturelle Umgebung und Persönlichkeitseigenschaften miteinander, so daß stilistische Unterschiede zwischen Künstlern entstehen. Wir haben es hier allerdings mit autistischen Menschen zu tun, die am aktuellen Geschehen der Kunstwelt kein spontanes Interesse zeigen und es oft gar nicht wahrnehmen. Sie schauen sich die Arbeit anderer Künstler meist nur ungern an, und ihr jeweiliger Stil ist somit in erster Linie als Ausdruck ihrer individuellen Fähigkeiten, Vorlieben und Temperamente zu sehen. Der Maler Michael Buhler, der an der Londoner City and Guilds Kunstschule unterrichtet, hat Arbeiten der zwei hier vorgestellten Savants begutachtet. Eine Wiederholung von Ludwig Richters Experiment konnten wir nicht arrangieren. So kam es also nicht dazu, daß die zwei Künstler zur selben Zeit dieselben Szenen zeichneten. Trotzdem machen ihre Talente deutlich, daß Wölfflins stilistische Unterscheidungen sich auch auf das Werk autistischer Savant-Künstler anwenden lassen.

Als Neil O'Connor und ich Stephen das erste Mal begegneten, war er 15 Jahre alt und besuchte eine Schule für Kinder mit schweren Lernstörungen. Die Schulleiterin Loraine Cole und Stephens Kunstlehrer Chris Morris hatten von unseren Forschungen mit Savants gehört und berichteten uns von Stephens außerordentlicher Zeichenbegabung. Seine Entwicklung war von klein auf verzögert verlaufen. Er fing spät an zu sitzen, zu stehen und zu laufen und schien überhaupt keine sprachlichen Fähigkeiten auszubilden. Als Baby mochte er es nicht gern, wenn man ihn hochnahm und mit ihm schmuste, und er schien andere nie anzuschauen. Später spielte er nicht mit anderen Kindern, auch nicht mit seiner zwei Jahre älteren Schwester. Man diagnostizierte bei ihm Autismus und eine geistige Entwicklungsstörung. Mit sechs Jahren aber schlug ihn das Zeichnen in seinen Bann, und er zeichnete aus dem Gedächtnis erstaunliche Bilder von Gebäuden, Autos und Stadtansichten, die er nur kurz betrachtet hatte. Gleich zu Beginn wurde klar, daß sein Zeichentalent ganz außergewöhnlich groß war.

Als wir mit dem 15jährigen Stephen erstmals einen Intelligenztest durchführten, stellte sich heraus, daß sein sprachliches Denkvermögen mit dem eines nichtbehinderten Sieben- bis Achtjährigen zu vergleichen war. Seine visuell-räumliche Intelligenz aber kam dem normalen Durchschnittswert nahe. Bald darauf trat die BBC an uns heran, und es wurde ein Filmbericht über unsere Arbeit mit Savants gedreht, an dem auch Stephen beteiligt war. Der Film *The Foolish Wise Ones* (deutsche Fassung: *Die versteckte Intelligenz*) löste ein großes Interesse am Savant-Phänomen und insbesondere an Stephens Zeichnungen aus. So wurde auch Margaret Hewson auf ihn aufmerksam, die sich um seine künstlerische und persönliche Entwicklung zu kümmern begann. Sie verschaffte ihm Zeichenaufträge, organisierte Ausstellungen seiner Arbeiten, veröffentlichte Bücher mit seinen Zeichnungen und reiste mit ihm in die ganze Welt. Stephen mochte sie von Anfang an und verdankt ihr sehr viel, unter anderem, daß er schließlich in die Londoner City and Guilds Kunstschule aufgenommen wurde.

Schon bei der ersten Begegnung mit Stephen waren wir beeindruckt von seinem lebendigen und dynamischen Zeichenstil und seiner exzellenten intuitiven Fähigkeit, räumliche Beziehungen und Raumtiefe darzustellen. Zwei seiner frühen Zeichnungen, »Flußfahrt« (Abbildung 11.1) und »Kathedrale St. Paul« (11.2), veranschaulichen dies. In der »Flußfahrt« setzt Stephen Linien in unterschiedlichen Abständen nebeneinander, um verschiedene Tonwerte zu erzielen. Andere Linien deuten die Bewegung des Flusses und die Bäume entlang der Uferböschung an. Auf eine sorgsam ausbalancierte Gesamtkomposition ist relativ wenig Wert gelegt; statt dessen vermittelt die Zeichnung den Eindruck von Bewegung und Spontaneität. »Kathedrale St. Paul« ist eine schwungvolle, im Linearstil ausgeführte Zeichnung. Die Variation der Tonwerte wird wiederum durch die verschiedenen Abstände zwischen einzelnen Li-

*Abbildung 11.1: »Flußfahrt«*

nien erzeugt, die ihre Eigenständigkeit bewahren. Obwohl das Bild also ein statisches Gebäude darstellt, zeigt es die Dynamik, mit der Stephen das lineare Idiom umsetzt.

Der lineare Stil blieb für Stephens Arbeit kennzeichnend, bis er an die Kunstschule kam. Bis dahin hatte er kaum einmal Schattierungen oder Farbe verwendet. Seine Lehrer hielten es zwar für notwendig, auf seine persönlichen, emotionalen und geistigen Besonderheiten Rücksicht zu nehmen, waren aber auch der Auffassung, daß jeder Schüler ein breitgefächertes »künstlerisches Vokabular« (das heißt verschiedenste Techniken und Ausdrucksmittel) erlernen sollte, die er dann in seinem Sinne einsetzen konnte. Damit Stephen also sein künstlerisches Spektrum erweitern konnte, nahmen sie ihn zunächst in eine Malklasse auf.

Beim linearen Stil liegt das Schwergewicht wie gesagt auf Konturen und auf den Beziehungen zwischen Begrenzungslinien und Zwischenräumen, während beim malerischen

*Abbildung 11.2:*
*»Kathedrale St. Paul«*

Stil Ton und Farbe dominieren. Klare Kontraste zwischen Tonwerten lassen den Bildraum kleiner erscheinen, während kleine Tonunterschiede den Eindruck hervorrufen, daß die dargestellten Objekte in die Ferne rücken. Wenn Töne eng beieinander liegen, wirkt das eher harmonisch, wohingegen sich mit starken Kontrasten eine dramatische Wirkung erzielen läßt. Durch die Wahl der Tonwerte kann der Künstler den Bildraum also erweitern oder verkleinern. Der Bildeindruck hängt davon ab, welche Mittel er wählt und einsetzt.

Als Stephen auf die hellsten und dunkelsten Töne auf einer Glasflasche zeigen sollte, war er zunächst verwirrt, aber als man ihm eine Skala vorlegte, deren Töne von weiß bis schwarz reichten, und ihm erklärte, daß diese Schattierungen »Töne« hießen, begriff er rasch, was gemeint war. Danach eignete er sich den Umgang mit Tonwerten in verblüffendem Tempo an und ließ einige seiner Mitstudenten

*Abbildung 11.3:*
*»Stilleben mit Schachteln«*

weit hinter sich. Wie er die Technik einsetzte, sollen ein Still-leben und eine Aktzeichnung zeigen.

Auf dem »Stilleben mit Schachteln« (Abbildung 11.3) macht Stephen die Kanten mit Linien kenntlich, die er jedoch auch hätte weglassen können. Die Perspektive ist im großen und ganzen korrekt, aber vor allem bei der ganz im Schatten liegenden Seite der Schachtel im Vordergrund nicht ganz exakt wiedergegeben. Stephen bewältigt die Auf-gabe, indem er verschiedene Tonwerte einsetzt, doch es feh-len Raffinesse und genaue Beobachtung. Dasselbe läßt sich von dem »Akt« (Abbildung 11.4) sagen, obgleich Stephen hier keine Probleme mit dem Beobachten und Wiedergeben

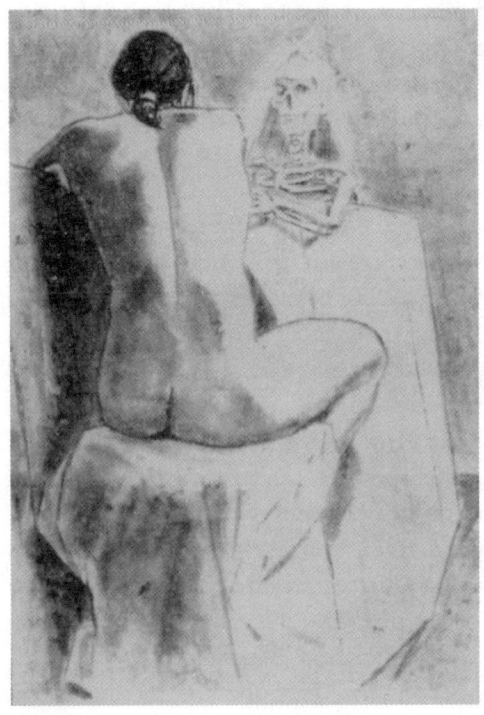

*Abbildung 11.4:*
*»Akt«*

190

hat. Es sind keine individuellen Stilmerkmale erkennbar, und obwohl er ein Aktmodell vor sich hatte, scheint er an der Aufgabe kein wirkliches Interesse entwickelt zu haben. Beide Bilder sind typische Arbeiten eines begabten Kunststudenten, doch ihnen geht der dynamische Impuls ab, der in Stephens früheren spontanen Zeichnungen zu finden war. Nun ist es kein ungewöhnliches Phänomen, daß Kunststudenten in der Anfangszeit der Ausbildung ihren persönlichen Stil einbüßen. Oft entwickeln sie erst spät die Fähigkeit, das erlernte malerische Vokabular für die eigenen Zwecke und Absichten nutzbar zu machen.

Stephen war zwar in der Lage, Farben einzusetzen, die denen eines dargestellten Objekts entsprachen, doch hatte sein Lehrer das Empfinden, daß Farbe für Stephen keinen eigenständigen Wert besaß. Als er beispielsweise auf einem Gemälde einer New Yorker Straßenszene ein helles Gelb verwendete, gab er als Grund an, ihm würden die gelben Taxis der Stadt gefallen. Es war ihm nicht darum gegangen, einen hellen Akzent in seinem Bild zu setzen. Der Einsatz der Farbe wurde bei Stephen davon bestimmt, was er vor sich sah, und nicht von einem Streben nach Akzentuierung und Variation. Er übernahm in sein Bild alles, was zu einer Szene dazugehörte, ganz gleich, welche Wirkung sich daraus ergab, und nichts wies darauf hin, daß er nach ästhetischen Gesichtspunkten auswählte.

In Stephens zweitem Kursjahr sollten die Studenten bei einem Projekt ein beliebiges Muster aus farbigen, abstrakten Formen entwerfen. Anschließend bekam jeder ein anderes Stichwort, gemäß dem er sein abstraktes Bild so umformen sollte, daß es das Wort veranschaulichte. Der Lehrer zweifelte anfangs, ob Stephen die Aufgabenstellung verstehen würde, doch es ergab sich, daß Stephen das Wort »Erdbeben« als Bildtitel bekam, und Erdbeben hatten ihn schon immer fasziniert. Er gestaltete sein abstraktes Bild in eine plastische und ausdrucksstarke Darstellung eines Erdbebens um, die brennende Gebäude, zerquetschte Autos und davonrennende Menschen zeigte. Dies war ein klarer Beleg dafür, daß er, wenn sein Interesse und seine Phantasie angesprochen waren, mehr konnte als nur Dinge wiederzugeben, die er zuvor gesehen hatte. Er war in der Lage, Bilder zu ersinnen, sie auf farbige Zufallsformen zu projizieren und diese Formen dadurch zu sinntragenden, in sich stimmigen Darstellungen werden zu lassen. Obwohl davon auszugehen ist, daß er eine derartige Umgestaltung wahrscheinlich nicht von sich aus begonnen hätte, daß er nur wenig eigene ästhetische Zielvorstellungen hatte und daß er lediglich den Anweisungen gefolgt war, zeigt das Meistern der Aufgabe deutlich, daß sein künstlerisches Potential sich nicht auf das Reproduzieren von dem beschränkt, was er vor sich sieht oder in Erinnerung hat.

In seinem letzten Jahr an der Kunstschule wurde Stephen aus der Malklasse in eine Druck- und Grafikklasse versetzt, wo es vor allem um Radierung und Linolschnitt ging. Diejenigen, die seine frühen, spontan entstandenen Zeichnungen kannten, waren wohl nicht verwundert, daß er sich im Idiom dieser Darstellungsmittel viel sicherer und wohler fühlte als beim Malen. An dem Linolschnitt »Empire State Building« (Tafel 1) ist zu sehen, daß er das Druckmedium geschickt und intelligent einsetzt, besonders in dem dunkelgrünen Vordergrund, der an die dichter werdenden Bereiche von gelben Lichtern hinaufreicht. Die horizontalen Linien am Himmel dienen ihm dazu, die Intensität des Gelbs mit Weiß abzumildern. Die Radierung »Ansicht von Los Angeles« (Tafel 2) entstand frei nach einer Fotografie. Durch das sich zum Horizont hin verengende Raster der Diagonalen aus Straßen und Häusern vermittelt die sym-

*Tafel 1: »Empire State Building«*

*Tafel 2: »Ansicht von Los Angeles«*

*Tafel 3a: »Tropische Fische« (Zeichnung)*

*Tafel 3b: »Tropische Fische« (Foto)*

*Tafel 4a: »Berge und Blumen« (Zeichnung)*

*Tafel 4b: »Berge und Blumen« (Foto)*

*Tafel 5a: »Gelbe Bäume, in See gespiegelt« (Zeichnung)*

*Tafel 5b: »Gelbe Bäume, in See gespiegelt« (Foto)*

*Tafel 6a: »Aufragender Fels vor Berg« (Zeichnung)*

*Tafel 6b: »Aufragender Fels vor Berg« (Foto)*

metrische Komposition ein klares Raumgefühl. Der Druck hätte in verschiedenen Farbkombinationen ausgeführt werden können, aber Stephen schien in diesem Punkt keine klare Vorliebe zu haben. Ihm ist dennoch ein nuanciertes, ausdrucksvolles Bild gelungen, mit einem streng linear gestalteten Vordergrund, hinter dem die aufragenden Wolkenkratzer mit dem Abendlicht des Himmels verschmelzen.

Stephen bleibt als Künstler vorwiegend auf den grafischen Aspekt konzentriert und fühlt sich im linearen Stil am sichersten und wohlsten, weil er darin sein Temperament, seine Vorlieben und seine besondere Begabung am besten zum Ausdruck bringen kann. Sein künstlerisches Talent zeigt sich also weiterhin am deutlichsten in dem Idiom, das er einst spontan wählte. Dies erinnert an eine Überlegung von Leon Miller, die er in seinem hervorragenden Buch *Musical Savants* anstellt. Er hatte den jungen Musik-Savant Eddie eingehend untersucht, zunächst bevor und dann während dieser Musikunterricht erhielt. Miller fand keine Anhaltspunkte dafür, daß der Unterricht sich in irgendeiner Weise in Eddies Spiel niederschlug, und kam zu dem Schluß, daß Eddies Fähigkeiten zum spontanen Musizieren in allen wesentlichen Punkten wohl unverändert geblieben waren. Vermutlich wird auch Stephen seine ursprüngliche künstlerische Identität stets bewahren. Eine frühere Zeichnung mit dem Titel »Der Lesesaal im Britischen Museum« (Abbildung 11.5) macht eindrucksvoll deutlich, wie seine außergewöhnliche Begabung in seinem bevorzugten Darstellungsmedium zum Tragen kommt. Hier konnte er sich in besonderem Maße auf die Wiedergabe des dreidimensionalen Raums und eine detailreiche lineare Komposition konzentrieren. Die brillante Zeichnung verrät eine exzellente Beherrschung der Perspektiv-

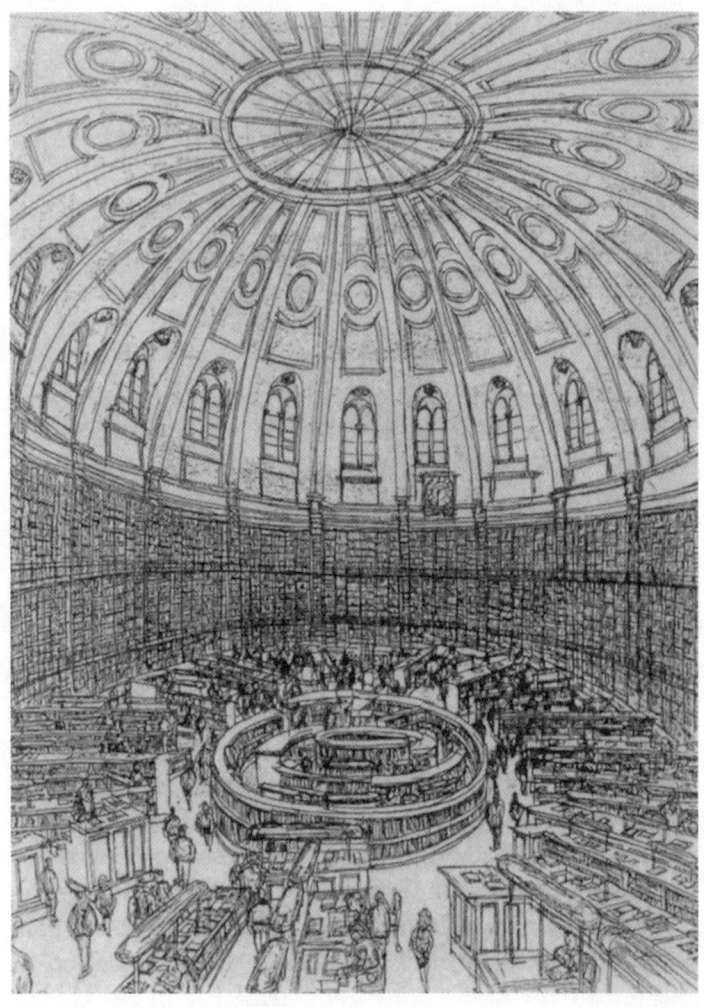

*Abbildung 11.5: »Der Lesesaal im Britischen Museum«*

technik, besonders in der Darstellung der Kuppelfenster und der zentralen Rundregale, die zwar leicht verzerrt wiedergegeben sind, aber den räumlichen Gesamteindruck nicht stören. Ein bestimmtes Maß an Verzerrung kann im Gegenteil sogar expressiv wirken, und daß die Regale zum Betrachter hin geneigt sind, betont die Zirkularität der Gesamtstruktur. Die Zeichnung ist ganz und gar linear gehalten, und Tonabstufungen werden über die Dichte der Linien erreicht, mit denen die Bücher und Regale dargestellt sind. Die umhergehenden Figuren, besonders die hübsche Frau im Vordergrund, beleben das Bild.

Auch wenn Stephens Talent in seinen Zeichnungen am greifbarsten ist, gibt es keinen Zweifel daran, daß er vom Unterricht an der Kunstschule profitiert hat. Sein Wahrnehmungsspektrum hat sich durch das gewachsene Repertoire an künstlerischen Techniken erweitert, so daß er von nun an die Möglichkeit hat, sich sein eigenes Bildvokabular bewußter und gezielter auszuwählen. Es ist nun an ihm, sein außerordentliches Talent mittels seiner erweiterten künstlerischen Möglichkeiten zu entfalten. Seine Vorliebe wird aber vermutlich immer dem linearen Stil gelten, der als seine ursprüngliche Bildsprache anzusehen ist.

Richard, der zweite Savant-Künstler, auf dessen Werk ich hier eingehen will, ist Jahrgang 1952. Als er einen Monat alt war, stellte man bei ihm einen angeborenen beidseitigen grauen Star und eine Funktionsstörung des Herzens fest. Mit sechs Jahren entwickelte er ein Lymphosarkom, das aber gut auf die Behandlung ansprach. Als er 18 war, wurde ein Insulinmangeldiabetes diagnostiziert, der offenbar zu einer weiteren Schädigung der Netzhaut führte. Hinzu kamen eine Schilddrüsenunterfunktion und ein Glaukom, die aber mit Medikamenten gut unter Kontrolle zu halten sind. Richard ist extrem kurzsichtig, und sein Sehvermögen in die Ferne beträgt auf dem einen Auge nur 4/60, auf dem anderen 3/60.[1] Er ist also zweifellos ein körperlich stark behinderter Mensch.

Er fing spät zu sprechen und zu laufen an und bewegte sich sehr unbeholfen. Als er schließlich mit dem Sprechen anfing, beschränkte es sich auf Substantiv-Verb-Äußerungen, bei denen die Verbindungswörter fehlten. Mit sechs bis 15 Jahren besuchte er ein beschäftigungstherapeutisches Zentrum für Kinder mit schweren Lernschwierigkeiten. Als man ihn im Alter von elf Jahren erstmals auf seinen geistigen Entwicklungsstand prüfte, ergab sich, daß sein Denkvermögen dem eines dreieinhalbjährigen nichtbehinderten Kindes entsprach. Später ermittelten wir bei ihm einen verbalen IQ von 47 und einen nonverbalen von 55. Das heißt, als Linda Pring, ich und unsere Kollegin Pamela Heaton seine künstlerische Begabung zu untersuchen begannen, kam sein geistiges Entwicklungsalter ungefähr dem eines nichtbehinderten Achtjährigen gleich. Die Psychiaterin Sula Wolff von der Universität Edinburgh hatte zuvor festgestellt, daß er an dem Zentrum nie mit Spielsachen oder anderen Kindern gespielt hatte, sondern meist ziellos im Gruppenzimmer umhergewandert war. Am Beginn unserer Studie untersuchte sie Richard noch einmal systematisch und fand ihre Anfangsdiagnose Autismus bestätigt. Richard lebt bei seinen aufopfernden, liebevollen Eltern, und sein Vater tut alles, um ihn in seiner künstlerischen Begabung zu unterstützen. Diese trat zutage, als Richard vier Jahre alt war, und seitdem malt er beständig Bilder. Bei seiner außerordentlichen künstlerischen Begabung handelt

---

[1] Das heißt, er kann auf einer Tafel das, was ein Normalsichtiger aus 60 Fuß Entfernung lesen kann, erst erkennen, wenn er auf 4 bzw. 3 Fuß herangeht. A. d. Ü.

es sich zweifellos um eine modulare Fähigkeit, die von seinen massiven Behinderungen unabhängig ist.

Er malt auf Papier und mit Wachsmalstiften auf Ölbasis. Seine Bilder sind meistens von Landschaftsfotos inspiriert, die er in Reisebüros und Büchereien gesehen hat. Manchmal malt er auch, entweder direkt oder aus dem Gedächtnis, Szenen nach der Natur, die er sich durch ein Fernglas anschaut. Er reist viel mit seinem Vater umher, oft zu offenen Ausstellungen seiner Arbeiten, und es gibt einen großen Kreis von Käufern seiner Bilder. Eine seiner Bewunderinnen ist Baroness Margaret Thatcher. Er spricht oft von den Ländern, in denen er schon war, von ihren Flaggen, Währungen und Zeitzonen und den Temperaturen dort. In unserer Studie verglichen wir, unter Mithilfe von Michael Buhler, Richards Bilder mit ihren fotografischen Vorlagen.

Wenn Richard malt, geht er mit den Augen sehr nahe an das Papier heran. Seine Methode besteht darin, mit einer das ganze Blatt bedeckenden einfarbigen Fläche zu beginnen, etwa einem blauen Himmel oder einer grünen Wiese. Dann zeichnet er auf diese Fläche zum Beispiel Berge, Bäume usw. und fügt im nächsten Schritt Blumen oder Häuser hinzu, auf die er dann wiederum weitere Einzelheiten malt. Die Methode funktioniert, weil er ausschließlich Wachsmalstifte verwendet und diese genügend Deckkraft haben. Nicht ganz zu klären ist, ob Richard von einem ungefähren Gesamtplan des Bildes ausgeht oder ob er erst im Verlauf des Malens entscheidet, welche Details er abbilden will. Weil aber die auf den Tafeln zu sehenden Bilder alle aus dem Gedächtnis nach Fotografien entstanden sind, ist es wahrscheinlich, daß sein Ausgangspunkt jeweils ein vollständig rekonstruiertes Erinnerungsbild ist. Natürlich gibt es keine eindeutige Antwort auf die Frage, warum ein geistig behinderter, autistischer Mensch mit massiv beeinträchtigtem Sehvermögen sich ausgerechnet für das Malen begeistert. Wahrscheinlich ist jedoch, daß Richards Sehbehinderung so mit seinem Gedächtnis interagiert, daß dabei die detailreiche, schärfer konturierte Außenwelt in einheitlichere, von Farbe und Licht beherrschte, ausdrucksvolle Bilder überführt wird.

Auf dem Bild »Tropische Fische« (Tafel 3a) sind Pflanzen und Fische im Vergleich zu denen auf der Fotografie (Tafel 3b) sehr stark vergrößert. Sie beherrschen die Komposition, die nicht wie auf dem Foto diagonal geneigt, sondern horizontal aufgebaut ist. Die perspektivischen Verhältnisse der Unterwasserszene sind viel klarer geworden, und das weiße Licht um die Pflanzen herum erzeugt einen Leuchteffekt, der in der Vorlage nicht vorhanden ist.

Die Szene auf dem Bild »Berge und Blumen« (Tafel 4a) ist sonniger und heiterer als auf dem Foto (Tafel 4b). Der Berg ragt nicht mehr bedrohlich über dem dunklen Vordergrund auf, sondern verschmilzt mit dem Himmel. Seine Konturen sind weniger schroff und wirken gleichmäßiger und weicher. Durch die Erweiterung des Vordergrunds dominieren nun die Blumen das Bild.

In »Gelbe Bäume, in See gespiegelt« (Tafel 5a) ist die Gestalt der Bäume und ihrer Spiegelungen viel unbestimmter als auf dem Foto (Tafel 5b). Die Gesamtkomposition ist vereinfacht, und die obere Begrenzungslinie der Bäume folgt nun der Kontur der Bergkette. Durch die größeren Schneefelder auf dem Berg kommt mehr Helligkeit ins Spiel, und durch das Auslassen von Details wirkt der Berghang weniger zerklüftet. Das Bild strahlt eine poetische, romantische Stimmung aus, die auf dem Foto nicht zu finden ist.

Die Zeichnung »Aufragender Fels vor Berg« (Tafel 6a) wirkt abstrakter und wirklichkeitsferner als das Foto (Tafel 6b), weil Oberfläche und Gesamtgestalt des Felsens vereinfacht wiedergegeben sind. Dessen dunkler Farbton entspricht vertieften Schattenlinien auf dem Berghang, während die hellgelben Blumen im Vordergrund einen starken Farbakzent setzen. Auch die Form der Schneekuppe auf dem Berg ist vereinfacht, und das Bild wirkt im Vergleich zur Vorlage insgesamt sowohl prägnanter als auch weniger bedrohlich.

Wie an diesen Arbeiten Richards zu sehen ist, führt sein malerischer Stil dazu, daß Farben sich ohne Unterbrechung über große Flächen erstrecken, so daß eine harmonische und lichte Gesamtkomposition entsteht. Mit stimmungsvollen Perspektiven, Farbmischungen und Helligkeitsakzenten erzeugt er nuancierte Effekte. Das Glätten von Konturen und Auslassen von Details trägt zu einer fein ausbalancierten und stimmigen Darstellung bei, und die ursprünglichen Objekte nehmen auf seinen Bildern einen anderen Charakter an.

Zwar weiß ich von keinem anderen bildenden Künstler, der in demselben Maße wie Richard unter körperlichen und geistigen Behinderungen leidet, doch es ist bekannt, daß einige große Maler stark sehbehindert waren. Patrick Trevor-Roper stellt dies in seinem Buch *Der veränderte Blick – Über den Einfluß von Sehfehlern auf Kunst und Charakter* eindrucksvoll und lebendig dar. Cézanne zum Beispiel war wie Richard Diabetiker, so daß zu seiner Kurzsichtigkeit noch Schädigungen der Netzhaut hinzutraten. Ein Zeitgenosse bemerkte zu Cézannes Bildern: »Ein unvollendetes Talent, bei dem eine unvollkommene Sicht zu einem Werk führte, das stets unvollendet und skizzenhaft war.« Als man aber Cézanne einmal dazu überredete, durch eine Brille zu schauen, soll er gesagt haben: »Nehmt diese vulgären Dinger weg.« Er zog seine eigene Sicht auf die Welt eindeutig vor. Trevor-Roper berichtet auch eine reizende Anekdote über Monet, der in seinen späten Jahren sehr kurzsichtig war. Als man ihn durch eine Brille schauen ließ, soll er gesagt haben: »Bon Dieu, je vois comme Bouguereau« [Mein Gott, ich sehe wie Bouguereau]. Der Genannte war ein konventioneller, naturalistischer Maler jener Epoche. Große innovative Künstler wie Cézanne und Monet nutzten offenbar den Freiraum, der durch ihre undeutliche Wahrnehmung entstand, um der Malerei ihre eigene stilistische Individualität aufzuprägen.

Richard malt seine Bilder gewöhnlich aus der Erinnerung und nicht nach einer Vorlage. Erinnern bedeutet aber nicht, daß man lediglich vorhandene Spuren reaktiviert, sondern ist in erster Linie ein aktiver, schöpferischer Prozeß der Rekonstruktion. Wahrnehmungen und Erfahrungen werden also im Zuge des Erinnerns einer Umwandlung unterzogen. Wie ich bereits angedeutet habe, ist bei Richard das Erinnern mit einer Wahrnehmung verquickt, die zunächst eher diffus ist. Aus dieser Wechselwirkung sowie seiner besonderen Begabung und seinen Vorlieben entsteht sein unverwechselbarer persönlicher Stil, der eindeutig malerisch im Sinne Wölfflins ist. Konturen werden weitgehend aufgelöst, und an ihre Stelle treten Flächen, auf denen Licht und Farben verschmelzen. John Ruskin hat über venezianische Künstler gesagt, ihr Wahrnehmen von Farben sei ebensosehr eine Gabe wie ein musikalisches Gehör (siehe Sarah Quill, *Ruskin's Venice*). Die Gabe der Farbwahrnehmung besitzt Richard zweifellos. Die Bildräume, die er mit Variationen von Farbe und Licht erzeugt, haben etwas nahezu Abstraktes. Umrißlinien treten zurück, und die Natur wird ähnlich wie in der »erhabenen« Schule der Landschaftsmalerei vor Augen geführt. Er entwirft harmonische Welten, die sich beispielsweise von denen der romantischen Malerei unterscheiden, in der die Natur oft etwas Bedrohliches hat. Durch stimmungs-

volle Perspektiven und Farbmischungen erzielt Richard sub-
tile Effekte, die den Eindruck vermitteln, daß von seinen Bildern ein Leuchten ausgeht. Er legt, wie es für den malerischen
Stil typisch ist, wenig Gewicht auf die Ausgestaltung von
Details. In seinen Bildern können sich Farbe und Licht unge-
hindert über große Flächen hin ausbreiten und lassen den in
sich stimmigen Eindruck großer Harmonie entstehen.

Nachdem ich von beiden Savant-Künstlern einige Bilder
vorgestellt habe, dürfte auf der Hand liegen, daß der Stil
ihrer Werke unterschiedlicher nicht sein könnte. Stephens
Herangehensweise entspricht dem linearen Stil. Er hat ein
exzellentes Gespür für Perspektive und eine außerordentliche Fähigkeit, einzelne kleine Merkmale einer Szene zu
beobachten, sich zu merken und wiederzugeben. Richard
geht über solche Details hinweg und verzichtet auch auf
markante Linien und Konturen. Die lyrischen Effekte seiner
Bilder entspringen einem Ineinanderfließen von Licht und
Farbe.

Eine Überlegung Wölfflins zum linearen und malerischen Stil ist hier von besonderem Interesse, weil sie einer
oft geäußerten Auffassung zum Werk von autistischen
Künstlern wie Stephen zu widersprechen scheint. Oft wird
gesagt, solche begabten Menschen würden in ihren Bildern
darstellen, was sie sehen oder in Erinnerung behalten
haben – nicht mehr und nicht weniger. Wölfflin gibt jedoch
zu bedenken, daß »Sehen« ein relativer Begriff ist. Damit ein
Betrachter Objekte unterschiedlicher Größe mit derselben
Klarheit sehen kann, muß er unterschiedliche Entfernungen zu ihnen einnehmen. Holbein aber gibt in seinen Por-
träts die kleinsten Details, etwa eines Spitzenkragens oder
einer Goldstickerei auf einem Kleid, mit derselben präzisen
Klarheit wieder wie wesentlich größere oder nähere Objekte.
Das ist nicht das, was er gesehen hätte, wenn er immer die-

selbe Distanz zu seinem Modell eingehalten hätte. Holbein malte die Dinge also seinem Wissen entsprechend und nicht so, wie er sie vor sich sah. Ebenso können auch die Trennlinien, die Stephen zwischen die Bücher in den weit entfernten Regalen der Bibliothek gezeichnet hat, keine zutreffende Wiedergabe dessen sein, was er wirklich sah, und dasselbe gilt auch für die präzisen Details der Kuppel. Er hätte seine Position immer wieder verändern müssen, um alle diese Einzelheiten in derselben Klarheit und Genauigkeit zu sehen. Beim malerischen Stil dagegen werden die Dinge nicht als das behandelt, was sie sind, sondern so hingenommen, wie sie erscheinen, also nicht als Realitäten, sondern als Eindrücke. Wenn man diesem Gedankengang folgt, kommt man zu dem Schluß, daß Richards Bilder widerspiegeln, was er sieht, während Stephen die Dinge nicht etwa genau so zeichnet, wie er sie vor sich sieht, sondern eher so, wie sie seiner Kenntnis nach wirklich sind. Natürlich heißt das keineswegs, daß die eine Stilrichtung der anderen überlegen wäre. Sie bieten Künstlern einfach unterschiedliche Möglichkeiten, ihre persönlich erlebte Realität darzustellen.

Die Schlußfolgerungen zum Thema der künstlerischen Begabung, zu denen ich gelangt bin, kann ich selbst nicht besser ausdrücken, als Friedrich Nietzsche das in seinem Gedicht »Der realistische Maler« getan hat:

> *»Treu die Natur und ganz!«* – *Wie fängt er's an:*
> *Wann wäre je Natur im Bilde abgethan?*
> *Unendlich ist das kleinste Stück der Welt! -*
> *Er malt zuletzt davon, was ihm gefällt.*
> *Und was gefällt ihm? Was er malen kann!*

# Kapitel 12:  Musikalisches Gedächtnis und musikalische Improvisation

Musik läßt sich unter den verschiedensten Aspekten betrachten, die unter anderem Phantasie, Spieltechnik, Kognition, Emotion, zwischenmenschliche Kommunikation und Ästhetik umfassen. Diese Multidimensionalität der Musik ist ein Phänomen, das sich durch die gesamte menschliche Geschichte zieht und in seiner Universalität vielleicht nur mit der Sprache vergleichbar ist. Während aber Sprache gewöhnlich auf etwas außerhalb ihrer selbst verweist, muß Musik sich allein auf sich selbst beziehen. Sie ist autonom. Diese Art der Selbstbezüglichkeit wollte Wassily Kandinsky mit Hilfe der Abstraktion auch in der Malerei erreichen. Da die Musik also ihrem Wesen nach ungegenständlich ist, dürfte es von besonderem Interesse sein, daß manche Savants sich auf diesem Gebiet hervortun.

Einer der frühesten Berichte über einen Savant-Musiker stammt von Edouard Séguin. In seiner 1886 erschienenen klassischen Abhandlung *Die Idiotie und ihre Behandlung nach physiologischer Methode* beschrieb er einen blinden Sklavenjungen, der nur über ein sehr eingeschränktes Sprach- und Denkvermögen verfügte, sich aber mühelos ein umfangreiches Klavierrepertoire angeeignet hatte. »Blind Tom«[1] gab viele Konzerte und spielte, so hieß es, außerordentlich gut. Obwohl seine Intelligenz nicht systematisch untersucht wurde, scheint gesichert zu sein, daß sein musikalisches

---

[1] Tom Bethune, auch Thomas Wiggins genannt, 1849–1908

Talent und sein übriges Können weit auseinanderklafften. Viele Savant-Musiker sind von Geburt an blind oder autistisch oder sogar beides und außerdem in ihren kognitiven Funktionen beeinträchtigt. Von vielen wird berichtet, daß sie schon sehr früh ein starkes Interesse an Musik erkennen ließen. Ich möchte hier nun Studien mit Savant-Musikern vorstellen, die O'Connor und ich in Zusammenarbeit mit Kolleginnen und Kollegen durchgeführt haben.

In der ersten Studie untersuchten wir das musikalische Gedächtnis eines Savant-Pianisten. Im Alter von neun Monaten bis fünf Jahren war Noel in einer Kindertagesstätte, danach kam er an eine Schule für Kinder mit schweren Lernstörungen. O'Connor und ich lernten ihn kennen, nachdem eine Kollegin uns von seinen herausragenden musikalischen Fähigkeiten erzählt hatte. In der Schule nahm er keinen Kontakt zu den anderen Kindern auf, sprach nicht von sich aus und zeigte typisch autistische stereotype und zwanghafte Verhaltensmuster. Nach dem Abgang von der Schule wurde er in ein Wohnheim für autistische Menschen aufgenommen. Noel hatte zu Hause kein Musikinstrument, hörte aber stundenlang Radio. Wann immer er an das Klavier der Schule konnte, spielte er nach dem Gehör Musik, die am Abend zuvor im Radio gekommen war.

Zu den musikalischen Elementen, die ein Hörer sich vollständig oder teilweise erschließen und in seinem musikalischen Gedächtnis speichern kann, gehören melodische Strukturen, harmonische Beziehungen, Einschränkungen durch Tonleiter und Tonart sowie Rhythmus und Takt. Angesichts dieser Vielzahl von Variablen hielten wir den Versuch für vielversprechend, Noels musikalisches Gedächtnis eingehender zu analysieren. Wir taten uns mit unserem Kollegen John Sloboda zusammen, der Psychologe und außerdem ein versierter Pianist ist. Zur Zeit der Studie war Noel 19 Jahre alt. Er hatte einen IQ von 61 und sprach nach wie vor fast nie spontan.

Wir spielten ihm und einem Berufspianisten zwei Musikaufnahmen vor. Soweit wir das überprüfen konnten, waren die Stücke beiden Teilnehmern unbekannt. Das erste war Edvard Griegs »Melodie« (Opus 47, Nr. 3), das zweite stammte aus Béla Bartóks *Mikrokosmos*. Jeder Teilnehmer hörte zunächst das Stück von Grieg. Er wurde aufgefordert, aufmerksam zuzuhören und sich das Stück zu merken, weil er es später nachspielen solle.

Im Verlauf der Musikgeschichte sind zahlreiche Systeme entstanden, nach denen das Spektrum möglicher Töne in Tonschritte unterteilt wird, die dann als Grundlage für die Musik dienen. Wie fast die gesamte westliche Musik zwischen 1600 und 1900, so ist auch Griegs »Melodie« in klassisch diatonischer Form komponiert. Die Diatonik umfaßt zwei Arten von Tonleitern, die Durtonarten und Molltonarten. Der Ausdruck »Tonleiter« zeigt an, daß die Noten wie auf einer Leiter oder Treppe aufeinanderfolgen. Die diatonischen Tonleitern bestehen zum Teil aus Ganztönen, zum Teil aus Halbtönen. Während in den Durtonarten die Abfolge der unterschiedlichen Intervalle (also der Ganz- und Halbtöne) klar festgelegt ist, kann sie in den Molltonarten variabler sein. Mit den Durtonarten drückt man traditionellerweise helle und heitere Stimmungen aus, mit den Molltonarten dunklere und melancholische. Diatonische Musik geht meist von Themen aus, die wiederholt und dabei unterschiedlich ausgestaltet und variiert werden.

Jedem Teilnehmer wurde die Aufnahme der »Melodie« zunächst von Anfang bis Ende und dann in kurzen Abschnitten vorgespielt. Er sollte jeweils jeden Abschnitt zusammen mit den zuvor bereits gehörten Teilen nachspie len. Danach sollten beide so viel wie möglich von dem gesamten Stück nachspielen. Noel gab sämtliche 64 Takte der »Melodie« fast notengetreu wieder. Die harmonischen und auch die melodischen Komponenten blieben dabei erhalten, und er spielte insgesamt 798 Noten, von denen nur 8 Prozent nicht korrekt waren. Der Berufspianist dagegen spielte nur 354 Noten, aber selbst in dieser sehr verkürzten Version waren insgesamt 80 Prozent der Noten nicht korrekt. Außerdem konnte Noel das Stück nach 24 Stunden, in denen er es nicht noch einmal gehört hatte, ein zweites Mal fast perfekt nachspielen.

Wie ich bereits betont habe, wollten wir bei unseren Forschungsarbeiten mit Savants nicht einfach herausfinden, zu *welchen* außerordentlichen Dingen sie imstande sind, sondern vor allem verstehen, *wie* sie ihre Leistungen zustande bringen. Wie war also Noels erstaunliches Gedächtnis aufgebaut? Kanner war aufgefallen, daß Autisten sich oft an Einzelelemente oder Ereignisse, zwischen denen anscheinend kein Zusammenhang besteht, ungewöhnlich gut erinnern können. Viele autistische Kinder können längere gesprochene Passagen »echoen«, die sie zuvor gehört haben, obwohl ihre sprachliche Auffassungsgabe gering ist. Könnte es sein, daß auch das musikalische Erinnerungsvermögen von Savants reinen »Echocharakter« hat? Wir hatten bereits zeigen können, daß Kalender-Savants sich auf ein umfangreiches, viele Jahre umfassendes Gedächtnis für Kopplungen von Daten und Wochentagen stützten und zahlreiche einzelne Daten im Kopf hatten. Wir hatten aber auch festgestellt, daß sie sich bei ihren Berechnungen der Strukturregeln des Kalenders bedienten, und zwar unabhängig davon, ob sie diese Regeln artikulieren konnten oder nicht. War es also denkbar, daß Savant-Musiker auf ganz ähnliche Weise musikalische Strukturen erkannten und im Gedächtnis behielten? Wir glaubten, daß wir mehr über ihre Strategien erfahren würden, wenn wir nicht nur analysierten, wie viele oder wie wenige Fehler, sondern auch welche Arten von Fehlern unsere Pianisten machten.

Noel machte insgesamt 54 Fehler, die Kontrollperson 265. Noels Fehler betrafen weitgehend die Melodie, während er die Harmonien fast notengetreu wiedergab. Wie eine detaillierte Analyse ergab, bestanden die meisten seiner Fehler nicht darin, daß er falsche Noten spielte, sondern darin, daß er eine Wiederholung derselben Note ausließ, wenn die wiederholte Note in der Originalmelodie auf einen unbetonten Taktteil fiel. Durch dieses Auslassen verlängerte er die Pause zwischen einer melodischen Phrase und der nächsten und betonte so die Phrasenstruktur stärker als im Original. Noel nahm also mehr Veränderungen in den melodischen als in den harmonischen Aspekten vor. Dem Berufspianisten aber gelang es so gut wie gar nicht, die Harmonien beizubehalten, und während die Melodie gerade noch erkennbar blieb, spielte er mit der linken Hand entweder nichts oder völlig falsche Akkorde.

Im nächsten Kapitel werde ich von einer Studie mit autistischen, musikalisch nicht vorgebildeten Kindern berichten, bei der sie Akkorde in ihre Einzeltöne aufgliedern sollten. Sie waren darin nichtbehinderten Kindern überlegen, und wir führten dies auf die Fähigkeit von Autisten zurück, Gesamtgestalten in ihre Segmente zu zerlegen. Ein Akkord ist ein eng verwobenes, sehr geschlossen wirkendes Ganzes. Daß der Berufspianist nicht in der Lage war, die Einzelelemente von Akkorden zu erkennen und sich zu merken, während dies Noel mühelos gelang, stützt die Vorstellung, daß ein kognitiver Stil, bei dem sich die Aufmerksamkeit auf Details konzentriert, an der Entwicklung bestimmter bereichsspezifischer, außergewöhnlicher Savant-Begabungen beteiligt ist. Der Berufspianist sagte uns, daß er sich völlig außerstande sah, die melodischen und harmonischen Elemente gleichzeitig zu hören, zu analysieren und sich einzuprägen. Er konnte sich die Akkorde einfach nicht merken. Noel dagegen konnte fast alle ihre musikalischen Bestandteile erkennen und im Gedächtnis behalten.

Ein weiterer bemerkenswerter Aspekt von Noels Klavierspiel war, daß er rhythmische Strukturen durch andere ersetzte, die im Original in unmittelbarer Umgebung vorkamen. Er spielte jeweils eine Folge von Noten, die der darauffolgenden Sequenz des Originals ähnlich war, und fügte ihr eigene Akkorde hinzu. Dies ist genau die Art von Ausschmückung, die man von einem fähigen Improvisator erwarten würde. Noels Improvisationen stellten zwar, ebenso wie seine wenigen Fehler, Abweichungen vom Original dar, ließen aber die musikalische Struktur unangetastet.

Ich will damit natürlich nicht sagen, daß Noels musikalisches Gedächtnis mit dem einiger wahrhaft großer Musiker vergleichbar wäre. Dennoch bin ich versucht, eine Anekdote über Mozart zu erzählen. Als Sechzehnjähriger wurde er von seinem Vater in die Sixtinische Kapelle in Rom mitgenommen, wo Gregorio Allegris Choral *Miserere* gesungen wurde. Der Vatikan hielt die Partitur des Stücks unter Verschluß, um Pilger nach Rom zu locken, die es hören wollten. Es wird berichtet, daß Mozart in die Herberge zurückging, wo er und sein Vater untergebracht waren, und die gesamte Partitur des neunstimmigen Stückes niederschrieb. Am nächsten Tag verbarg er das Geschriebene unter seiner Mütze und schmuggelte es in die Kapelle, um den Choral noch einmal zu hören und zu prüfen, inwieweit er ihn richtig wiedergegeben hatte. Zu seiner Freude fand er nur wenige Fehler und hatte den Eindruck, daß einige seiner eigenen Lösungen besser in das Stück gepaßt hätten als das, was er hörte.

Das zweite Stück, das unsere Pianisten hörten und nachspielen sollten, stammte aus Bartóks *Mikrokosmos*. Der *Mikrokosmos* entstand 1926 bis 1937, nachdem Schönberg 1923 die Zwölftontechnik entwickelt hatte. Schönberg erfand oder, wie er sagte, »fand« dieses System, weil er verhindern wollte, daß die Neue Musik im Chaos versank. Im Gegensatz zu den diatonischen Tonleitern schreitet die Tonleiter der Zwölftonmusik ausschließlich in Halbtonschritten voran. Da also das Verhältnis zwischen nebeneinanderliegenden Noten stets gleich ist, gibt es keinen Grundton. Die auf dieser Tonleiter beruhende Musik (die sogenannte atonale Musik) enthält harmonische und melodische Verläufe, die es in der westlichen Musiktradition bis dahin nicht gab.

Das in der Studie verwendete Stück von Bartók ist nur leicht atonal. Es basiert auf einer Tonleiter, die nur Ganz- und keine Halbtonschritte enthält, so daß alle Intervalle gleichgroß sind. Auch in dieser Musik gibt es keinen eindeutigen Grundton, und die aus ihr entstehende harmonische und melodische Landschaft hat etwas Fremdartiges.

Bartóks Stück entwickelt sich, ebenso wie das von Grieg, aus der Wiederholung von Elementen, die in den ersten Takten eingeführt werden. Es ist viel kürzer als die »Melodie«, und höchstens zwei Noten erklingen jeweils gleichzeitig. Auch dieses Stück wurde zunächst ganz und dann in Abschnitten vorgespielt, die die Pianisten jeweils nachspielen sollten. Am Ende sollten sie das Stück in ganzer Länge spielen.

Die Analyse der Gedächtnisleistungen ergab nun ein ganz anderes Bild. Wie zuvor bei dem Stück von Grieg spielte der Savant mehr Noten, nämlich 277, der Berufspianist dagegen nur 153. Allerdings waren 63 Prozent von Noels Noten falsch, gegenüber nur 14 Prozent des Berufspianisten. Die

Fehler des Savant bestanden hauptsächlich darin, daß er Noten durch andere ersetzte. Zwar blieb dabei die auf- oder absteigende Kontur der Melodie erhalten, doch die Intervallbeziehungen zwischen den Noten wurden zerstört. Er vertauschte auch Noten der linken und rechten Hand, wobei er diese Patzer manchmal korrigierte. Der Berufspianist dagegen spielte am Ende das ganze Stück fast fehlerlos.

Es scheint, als habe Noel Bartóks Musik gleichsam so empfunden, als sei sie in einer musikalischen Fremdsprache erklungen. Er konnte zwar einige der musikalischen »Wortschatzelemente« (das heißt die einzelnen Noten) erkennen, verstand aber nicht die »Syntax« der Musik (das heißt die Beziehungen der Noten untereinander). Dies stand in starkem Kontrast dazu, wie er die tonale Struktur des Grieg-Stücks wiedergegeben hatte. Dort war klar erkennbar gewesen, daß er mit den Strukturmerkmalen der Musik vertraut war und ihre melodischen und harmonischen Bestandteile identifizieren konnte. Seine wenigen Fehler beim Nachspielen der »Melodie« hatten die musikalische Struktur nicht durchbrochen und nahmen oft die Form angemessener Improvisationen an. Nicht alle Savant-Musiker sind in dieser Weise auf ihre musikalische »Muttersprache« eingeengt. Wie wir im folgenden sehen werden, können manche als »musikalisch zweisprachig« gelten. Noel aber erfaßte musikalische Strukturen nur dann intuitiv, wenn sie dem ihm vertrauten musikalischen Idiom entsprachen. Die Schwierigkeiten, die ihm das Bartók-Stück bereitete, erinnern an den Bericht von Smith und Tsimpli über den fremdsprachenbegabten Christopher, der sich den Wortschatz einer neuen Fremdsprache viel besser aneignen konnte als ihre Grammatik (siehe Kapitel 5).

Unsere nächste Fragestellung war, ob Savant-Musiker nicht nur gehörte Musik reproduzieren, sondern auch eigene Musik hervorbringen können. Zusammen mit Sara Lee, einer Berufsmusikerin, ermittelten O'Connor und ich fünf Savant-Musiker, die alle in Einrichtungen für geistig Behinderte lebten. Sie waren alle männlich, hatten IQs zwischen 50 und 69 und waren zwischen 18 und 58 Jahre alt. Bei drei von ihnen war Autismus diagnostiziert worden, und die übrigen zwei ließen deutlich autistische Merkmale wie Verschlossenheit, Festhalten an starren Routineabläufen, Einengung des Interessenspektrums und obsessive stereotype Verhaltensweisen erkennen. Drei der Savant-Musiker spielten Klavier, einer Flöte. Der fünfte sang seine eigenen Lieder und begleitete sich dazu auf Schlaginstrumenten. Auch die Texte zu den Liedern stammten von ihm, zum Beispiel der folgende:

*Let us thank our Father for this lovely day*
*For the frosty meadows where we love to play*
*Thank you for the daisies glistening in the dew*
*Thank you for the sunshine and the skies so blue*
*In the living treetops birds are very small*
*Children let us thank our Father for them all.*

*Wir wollen unserem Vater danken für diesen wunderbaren Tag*
*Für die reifbedeckten Wiesen, auf denen wir so gerne spielen*
*Danke für die Gänseblümchen, die im Tau glänzen*
*Danke für den Sonnenschein und den blauen Himmel*
*In den lebendigen Baumwipfeln sind die Vögel ganz klein*
*Kinder, laßt uns unserem Vater für sie alle danken.*

Wir stellten den Teilnehmern unserer Studie fünf Aufgaben. Bei der ersten sollten sie eine ihnen unbekannte, nur zum Teil vorgespielte Melodie selbst fortsetzen. Zweitens sollten sie eine Tonfolge erfinden und spielen (oder singen). Drit-

tens sollten sie beim zweiten Hören einer Melodie eine
Begleitung zu ihr improvisieren. Viertens sollten sie eine
Melodie mitsamt Begleitung erfinden. Und fünftens sollten
sie im Zusammenspiel mit einer Gruppe von Jazzmusikern
improvisieren. Die Kontrollgruppe bestand aus fünf nichtbehinderten 13jährigen Schülern, die von ihren Lehrern als
hochmusikalisch eingeschätzt worden waren. Im Gegensatz
zu den Savants hatten sie regelmäßigen Musikunterricht.
Zwei spielten Klavier, einer Klarinette, einer Orgel und einer
Querflöte. Was die Teilnehmer bei den verschiedenen Aufgaben spielten oder sangen, wurde auf Band aufgenommen.
Zwei Musikexperten bewerteten dann unabhängig voneinander die Aufnahmen nach einer fünfstufigen Skala, die
von der Feststellung »kommt mit der Aufgabenstellung
nicht zurecht« bis zu »hervorragende Leistung« reichte. Die
Beurteilungskriterien erfaßten Einfallsreichtum, Taktge-
fühl, Ausgewogenheit der Länge von musikalischen Phrasen sowie melodische Gestaltung und Struktur.

Die Schulkinder bemühten sich zwar fast immer, den
Anforderungen der Aufgaben gerecht zu werden, erreichten
aber meistens recht niedrige Punktwerte. Nur ein Kind erreichte einen Wert von 5 beim Fortsetzen der Melodie (Aufgabe 1) und von 4 beim Erfinden einer Begleitung (Aufgabe
3). Dagegen fiel das Engagement der Savants viel unterschiedlicher aus, doch bei den wenigen Aufgaben, die sie
wirklich zu erfüllen versuchten, erzielten sie durchweg hohe
Werte von 4 und 5. Die nichtbehinderten Kinder waren also
eher bereit, sich auf die Aufgaben einzulassen, erzielten aber
im allgemeinen eher schwache Resultate. Die Savants wag-
ten sich nur an wenige der Aufgaben heran, aber bei den
wenigen Versuchen, die sie zu unternehmen bereit waren,
bewegten sich ihre Leistungen auf recht hohem Niveau.
Dies zeigt, daß die Begabung der Savant-Musiker sich nicht

auf ein herausragendes musikalisches Gedächtnis beschränkte, sondern auch das eigenständige Ersinnen von Musik einschloß.

Das nächste Experiment mit einem Savant-Musiker führten O'Connor und ich zusammen mit Donald Treffert durch. Treffert wurde auf den Savant-Musiker Leslie aufmerksam, als er ihn Klavier spielen hörte, und er hielt ihn für den brillantesten Savant, der ihm je begegnet war. Leslie war eine Frühgeburt gewesen, und als er sechs Monate alt war, mußte man ihm aufgrund einer retrolentalen Fibroplasie beide Augen entfernen. Leslie leidet außerdem unter einer zerebralen Kinderlähmung, die sich in einer Gehbehinderung und einer Einschränkung der Handgeschicklichkeit zeigt. Doch obwohl er beispielsweise Schwierigkeiten hat, mit Messer und Gabel zu essen, spielt er höchst virtuos Klavier. Seine Handgeschicklichkeit ist also in erstaunlichem Maße »modular« und ganz auf sein Klavierspiel eingegrenzt. Dies erinnerte mich an eine Freundin, die sehr stark stotterte. Sie war aber eine begeisterte Laienschauspielerin und stotterte nie, wenn sie auf der Bühne stand.

Leslies Pflegemutter war eine bemerkenswerte Frau, die großen Sachverstand im Umgang mit behinderten Kindern hatte. Als Leslie zwischen zwei und drei Jahren alt war, stellte sie fest, daß er zwar kaum sprach, aber singen konnte. Er war anderen Menschen gegenüber zurückhaltend und verschlossen und sehr unruhig. Mit fünfeinhalb Jahren sprach er nach wie vor nur Wörter und Sätze nach, die er gehört hatte, und sagte nie spontan etwas. Als er mit sieben Jahren auf seine Intelligenz untersucht wurde, ergab sich ein IQ von 59, was den geistigen Fähigkeiten eines nichtbehinderten dreieinhalb- bis vierjährigen Kindes entsprach. Zur selben Zeit kam jedoch seine musikalische Begabung zum Vorschein, und seine Pflegemutter ließ ihn nun auf ihrem

Klavier spielen. Sie selbst konnte viele Lieder nach Gehör spielen, und Leslie tat es ihr bald gleich. Mit neun konnte er auch Chordorgel spielen, war aber nach wie vor nicht zu spontanem Sprechen in der Lage. Mit zwölf hatte er eine schöne Singstimme entwickelt und hörte jeden Tag stundenlang Musik.

Als Leslie 14 Jahre alt war, wachte seine Pflegemutter eines Nachts auf und hörte, wie er fast fehlerlos einen Teil aus Tschaikowskis Klavierkonzert Nr. 1 spielte. Er hatte es am vorhergehenden Abend im Fernsehen gehört. Leslie baute ein großes Repertoire an klassischen Stücken auf, die er sich durch Hören aneignete, und gab mit 22 Jahren sein erstes öffentliches Konzert. Als Treffert später mit uns Kontakt aufnahm, sagte er uns, daß Leslie auch improvisieren konnte, und so beschlossen er, O'Connor und ich, diesen Aspekt von Leslies Begabung zu erforschen.

Wie in der Studie zu Noels musikalischem Gedächtnis verwendeten wir Griegs »Melodie« und Bartóks gemäßigt atonale, auf einer Ganztonleiter beruhende Komposition aus dem *Mikrokosmos*. Die Kontrollperson hatte einen Hochschulabschluß in Musik und große Erfahrung im Komponieren und im Spielen von Tasteninstrumenten. Soweit wir das ermitteln konnten, waren die Stücke wiederum beiden Teilnehmern unbekannt. Jedes Stück wurde nur einmal vorgespielt. Danach wurde die Kontrollperson aufgefordert, auf das soeben Gehörte zu improvisieren, während Leslie gesagt wurde, er solle »so weiterspielen, daß es gut zu dem paßt, was du gerade gehört hast«.

Nachdem er zunächst einige Takte von Griegs »Melodie« notengetreu nachgespielt hatte, improvisierte Leslie 215 Takte lang, und zwar mit enormer Begeisterung und Ausdruckskraft. Die Kontrollperson spielte 95 Takte. Beim Improvisieren wiederholte Leslie Griegs Thema siebenmal, die Kontrollperson dreimal. Wenn man die jeweilige Länge der Improvisation berücksichtigt, benutzten beide Teilnehmer prozentual gesehen ungefähr gleich viele verwandte Tonarten. Grieg hatte das ursprüngliche tonale Zentrum von a-Moll und A-Dur in 39 Prozent seiner Komposition beibehalten, während der Berufspianist diesen Anteil auf 78 Prozent steigerte und Leslie ihn auf 18 Prozent senkte. Grieg verwendete überhaupt keine Tonarten, die von der zentralen weiter entfernt lagen. Die Kontrollperson tat dies nur in geringem Maße, während Leslie 13 Prozent der Zeit in entfernteren Tonarten spielte. Der Berufsmusiker setzte auch selten abrupte Modulationen von einer Tonart in die andere ein und spielte nur eine Kadenz. Leslie dagegen machte von beiden Mitteln ausgiebigen Gebrauch. An die Stelle von Griegs eher dünner Textur setzte der Savant insgesamt etwas wesentlich Dichteres. Obwohl er das Hauptthema nie aus den Augen verlor und oft zu ihm zurückkehrte, streute er zwischendurch extravagante und üppige Ausschmückungen ein. Während also Leslie Griegs karge Textur ausgestaltete und verzierte, behielt der Berufsmusiker sie eher bei, und seine Improvisation blieb schlicht, reflektiert und verhalten, ganz wie Griegs Komposition. Beide Teilnehmer aber ließen ein hochentwickeltes musikalisches Verständnis erkennen. Daß der eine sich beim Improvisieren zurückhielt und der andere nicht, ist als Ausdruck ihrer individuellen Stile und Vorlieben zu sehen.

Bartóks gemäßig atonales Stück läßt Ausschmückungen, die individuelle Stilvarianten zum Ausdruck bringen und dennoch innerhalb des vorgegebenen musikalischen Idioms bleiben würden, nicht wirklich zu. Beide Pianisten blieben bei ihren Improvisationen nach Bartóks Stück fast durchgängig in der aus Ganztönen bestehenden Tonleiter, Leslie 87 und der Berufspianist 89 Prozent der Zeit. Bei ihren weni-

gen Abweichungen verwendeten sie Halbton- und Andert-
halbton-Intervalle. Der Berufspianist behielt den Takt des
Originalstücks die meiste Zeit bei, Leslie mehr als die Hälfte
der Zeit. Taktwechsel sahen bei beiden so aus, daß sie vom
ursprünglichen 2/4-Takt in einen 3/4-Takt verfielen. Insgesamt waren ihre Improvisationen bei diesem Stück einander
viel ähnlicher als bei dem Stück von Grieg, obgleich Leslies
Interpretation auch diesmal viel üppiger als die des anderen
Pianisten ausfiel und er vor allem viel mehr Akkorde hinzu-
fügte.

Leon Miller, der mit seinen Forschungen Pionierarbeit
geleistet hat, berichtet in seinem Buch *Musical Savants*
davon, wie er unsere Studien mit sehr ähnlichen Resultaten
wiederholte. Für Eddie, einen Savant im Kindesalter, war
das Ganzton-Stück von Bartók eine wirklich neuartige und
spannende Herausforderung, bis es schließlich in sein
Repertoire eingegangen war. Seine Aneignung des Ganzton-
Idioms verlief etwas stockend, während ihm Griegs »Melodie« keine Mühe bereitete. Ein weiterer von Miller un-
tersuchter Savant-Musiker reagierte begeistert auf das
Bartók-Stück, schmückte es aber mit derart vielen Akkorden aus, daß es nicht möglich war, seine Improvisation zu
analysieren. Griegs »Melodie« dagegen gab er weit original-
getreuer wieder. Miller weist darauf hin, daß Savants wohl
seltener mit Ganzton-Musik in Berührung kommen und
deshalb schwer zu entscheiden ist, wie sehr ihre Interpreta-
tionen von Vorlieben oder einer Vertrautheit mit dem jeweiligen musikalischen Idiom beeinflußt sind.

Unsere Befunde scheinen nahezulegen, daß man Leslie,
im Gegensatz zu Noel, als musikalisch zweisprachig betrachten kann. Ich muß diese Schlußfolgerung aber relativieren, denn während der letzten vier Takte seiner Bartók-
Improvisation schien er genug vom Ganzton-Idiom zu

haben. Er wich völlig davon ab, wechselte triumphierend und mit großem Aplomb nach F-Dur und schloß die Improvisation mit mehrfach wiederholten harmonischen Grundakkorden ab. Der große Dirigent Bruno Walter hat einmal geschrieben, es sei ein hoffnungsloses Unterfangen, sich einem derart klaren und eindeutigen Ende verweigern zu wollen, und die Hochstimmung und Seligkeit, die die Musik bieten könne, würden dem harmonischen Ausgleich entspringen. Es scheint, als hätte Leslie Bruno Walters Rat intuitiv beherzigt.

Arnold Schönberg, der 1923 sein Zwölftonsystem entwickelte, bestand darauf – Picasso sagte Ähnliches über seinen neuen Malstil –, er habe dieses neue musikalische System nicht »erfunden«, sondern »gefunden«. Es ist allerdings ganz klar, daß er sich bewußt darangemacht hatte, der völligen Atonalität eine neue Ordnung zu geben, weil er fürchtete, daß sie andernfalls ins Chaos führen würde. Es kann also kein Zweifel daran bestehen, daß Schönbergs musikalisches System, das ungeheuer einflußreich wurde, sich einer bewußten intellektuellen Leistung verdankt, und dasselbe gilt für die Ganzton-Musik. Um so verwunderlicher ist vielleicht, daß Schönberg in einigen seiner späten Kompositionen zum diatonischen Idiom zurückkehrte. Vielleicht war ihm etwas klargeworden, das viel später und in einem anderen Zusammenhang der Rockmusiker Jimi Hendrix so ausdrückte: »Wenn ein Musiker ein Bote ist, dann ist er wie ein Kind, das von den Menschen noch nicht allzu sehr dressiert wurde und noch nicht zu viele Fingerabdrücke auf seinem Gehirn hat.« Wäre es zu weit hergeholt, in Noel und Leslie solche Boten zu sehen?

## Kapitel 13:  Autismus und Savant-Begabungen: Warum sind die meisten Savants autistisch?

Zu Beginn meines Buches habe ich eine Hypothese vorgestellt, die, falls sie sich bestätigen ließe, zur Klärung der Frage beitragen könnte, warum die meisten Savants autistisch sind. Linda Pring und ich waren zu der Auffassung gelangt, daß der Kognitionsstil autistischer Savants, der um Einzelelemente und Informationsdetails kreist, ihnen die Bausteine liefert, aus denen sie dann nach und nach Strukturmerkmale des Kalenders, der Musik, der Sprache, der Zahlen oder der bildlichen Darstellung ableiten und entwickeln. Weil eine Savant-Begabung aber oft plötzlich und unerwartet zutage tritt, sind mögliche Vorstufen der Begabung nicht leicht zu erkennen. Ich werde am Anfang dieses Kapitels deshalb einige vorläufige Anhaltspunkte darlegen, die aus Studien mit einer Gruppe autistischer Kinder ohne irgendwelche feststellbaren Spezialbegabungen stammen. Sie wurden mit einer Gruppe von nicht-autistischen Kindern verglichen, die so ausgewählt waren, daß das Intelligenzniveau eines jeden jeweils dem eines Kindes aus der autistischen Gruppe entsprach. Als Untersuchungsfokus wählten wir die Musik. Sie schien sich für das Projekt zu eignen, weil Kinder mit Autismus oder einem Asperger-Syndrom im allgemeinen gern Musik hören. Soweit ich weiß, stellt diese Studienserie den bislang einzigen Versuch dar, den Zusammenhang einiger Aspekte der autistischen Kognition mit Savant-Begabungen direkt zu überprüfen.

Pamela Heaton führte die Experimente im Rahmen ihrer Zusammenarbeit mit Linda Pring und mir durch. Im Mittelpunkt stand die musikalische Auffassungsgabe autistischer Kinder, die keine besonderen musikalischen Fähigkeiten haben.

Aus den Berichten von Eltern und klinischen Beobachtungen wissen wir, daß viele autistische Kinder auf Musik ansprechen und sie gerne hören. Musik ist ihnen oft lieber als Sprache, und manchmal kommen sie gesungenen Bitten eher nach als gesprochenen. Manche autistischen Kinder, die anscheinend so gut wie stumm sind, können Worte oder musikalische Phrasen nachsingen, die sie nur wenige Male gehört haben. Andere sind immer wieder lange Zeit ins Musikhören vertieft. Die Musik scheint also ein Idiom zu sein, das Autisten spontan und ohne weiteres zusagt. Wer Musik mag, versteht sie aber nicht notwendigerweise. Musikalisches Verständnis verlangt, daß man über das emotionale und ästhetische Erleben hinaus auch einen Sinn für die verschiedenen strukturellen Aspekte der Musik entwickelt. Hier werden nur einige wenige musikalische Strukturelemente zur Sprache kommen. Sie wurden ausgewählt, um die Hypothese zu überprüfen, daß die autistische Tendenz zur segmentierten Informationsverarbeitung eine mögliche Vorstufe darstellt, aus der sich eine musikalische Savant-Begabung entwickeln kann. Außerdem wurde die Fähigkeit untersucht, solche musikalischen Einzelaspekte zueinander in Beziehung zu setzen.

In der ersten Studie konzentrierte sich Heaton, die ausgebildete Musikerin und auch Psychologin ist, auf das absolute Gehör. Es ist definiert als die Fähigkeit, Töne in ihrer Tonhöhe zu erkennen und zuzuordnen, ohne einen vorgegebenen Vergleichston zur Verfügung zu haben. Leon Miller hat darauf hingewiesen, daß alle in der Fachliteratur beschriebenen Savant-Musiker ein absolutes Gehör besaßen, während es in der Allgemeinbevölkerung und auch unter Berufsmusikern selten ist. Da nun aber alle Savant-Musiker das absolute Gehör haben, sagt Miller, gehen aus ihm möglicherweise die Bausteine hervor, auf denen ihr intuitives Begreifen höherer musikalischer Strukturen beruht. Das absolute Gehör allein reicht zwar nicht aus, damit sich eine musikalische Savant-Begabung entwickeln kann, doch es ist möglicherweise eine notwendige Vorstufe.

An der Studie zum absoluten Gehör nahmen zehn autistische Jungen teil. Sie gingen alle auf eine Sonderschule für schulfähige autistische Kinder. Die meisten verfügten über eine annähernd durchschnittliche nonverbale Intelligenz. Bei allen Jungen wies das allgemeine Verhalten deutlich autistische Züge auf, die den Besuch einer Sonderschule erforderlich machten. Sie wurden nach geistigem Entwicklungsstand und Intelligenzniveau mit zehn nichtbehinderten Kindern parallelisiert. Alle 20 Kinder wurden auf ihre Fähigkeit getestet, Töne unterschiedlicher Tonhöhe zu erkennen und sich zu merken. Die Kontrollbedingung bestand darin, daß sie Wortfragmente erkennen und im Gedächtnis behalten sollten. Weil die Kinder nicht mit Notenbezeichnungen vertraut waren, wurde jeder Ton und jede sprachliche Äußerung mit dem Bild eines Tiers gekoppelt, dessen Name dann der Zuordnung diente. Wenn ein Kind einen Ton oder einen Sprachlaut das erste Mal hörte, zeigte die Versuchsleiterin auf eines der Bilder und sagte: »Das ist der Ton/der Laut, den die Schlange am liebsten mag« (oder: »den der Fisch/die Katze/der Vogel am liebsten mag«). Die mit den Wortfragmenten verknüpften Tiere waren Schwein, Ente, Hund und Kuh. Alle Kopplungen von Tönen und Wortfragmenten mit Bildern wurden mehrmals vorgeführt. Im Anschluß bekam das Kind die Töne oder Sprachlaute in zufälliger Reihenfolge zu hören, und es sollte angeben, welches Tier die Note oder das Wortfragment am liebsten mochte. Dieses Zuordnen wurde erstmals zweieinhalb Minuten nach dem Einüben der Kopplungen getestet und ein zweites Mal nach einer einwöchigen Pause, wobei die Kopplungen nicht noch einmal vorgestellt wurden.

Die statistische Analyse ergab, daß sich die Gruppen beim ersten und zweiten Zuordnen von Tieren zu Wortfragmenten nicht voneinander unterschieden. Beim Erkennen und Einprägen von Tönen schnitten jedoch die Autisten deutlich besser ab als die Kontrollpersonen. Sie konnten sogar nach sieben Tagen mehr Noten zuordnen als die Kontrollpersonen nach zweieinhalb Minuten. Außerdem gaben vier autistische Teilnehmer zu 100 Prozent richtige Antworten, während kein nichtbehindertes Kind an eine solche Leistung herankam.

Musikalisch nicht vorgebildete autistische Kinder scheinen also über eine herausragende Fähigkeit zum Erkennen von Tonhöhen zu verfügen, und dies fügt sich sehr gut zu Millers Hinweis, daß sämtliche Savant-Musiker das absolute Gehör haben. Die autistischen Kinder in der Studie hatten keine musikalische Spezialbegabung, doch offenbar schlug sich die typisch autistische Tendenz, die Aufmerksamkeit auf Teilsegmente zu richten, darin nieder, daß sie die Töne besser erkennen und sich merken konnten als die anderen Kinder. Die Befunde der Studie können also dazu beitragen, das Überwiegen von Autisten unter den Savants begreiflich zu machen, auch wenn noch zu klären bleibt, ob die Fähigkeit, sich elementare Bausteine wie etwa die Tonhöhenbestimmung anzueignen, bei Autisten nur im musikalischen oder auch in anderen Bereichen vorhanden ist. In weiteren Studien von Pamela Heaton bestätigte sich, daß die autistischen Kinder normale oder vielmehr überlegene

musikalische Fähigkeiten besaßen, und ich werde auf einige
dieser Experimente kurz eingehen. Die Teilnehmer waren
dieselben wie in der ersten Studie.

Bei einem der Experimente sollten die Kinder Akkorde
zerlegen. Es handelte sich um tonische Dreiklänge, die aus
der ersten, dritten und fünften Note einer Tonleiter bestehen. Die Töne solcher Akkorde sind stark miteinander ver-
flochten, weil die dritte und die fünfte Note in den Obertö-
nen der Grundnote vorkommen. Da Autisten aber offenbar
in der Lage sind, zusammenhängende Strukturen in Segmente zu zergliedern, wie das etwa im Mosaiktest zu sehen
ist, ging Heaton von der Hypothese aus, daß die autistischen Kinder das Zerlegen der Akkorde in ihre Einzeltöne
besser bewältigen würden als die Kontrollpersonen.

Dieses Mal wurden den Kindern vier neue Bilder von Tieren gezeigt. Sie bekamen wiederum gesagt, jedes der Tiere
habe einen Lieblingston. Dann wurden vier Töne jeweils mit
einem Hinweis wie »Das ist der Lieblingston des Kamels«
vorgespielt. Nachdem die Kopplungen von Tönen und Tieren mehrmals vorgeführt worden waren, hörten die Kinder
Akkorde, die nur drei der zuvor gehörten vier Töne enthiel-
ten. Dies wurde folgendermaßen angekündigt: »Du wirst
jetzt drei von den vier Tiertönen auf einmal hören, und einer
der Lieblingstöne der Tiere fehlt. Kannst du mir zeigen, von
welchem Tier kein Ton dabei ist?« Diese Aufgabe war
schwierig, weil sie von den Kindern nicht nur verlangte, die
drei in dem Akkord enthaltenen Töne zu erkennen, sondern
sich auch an den einen fehlenden Ton zu erinnern. Die autistischen Kinder gaben mehr richtige Antworten als die
anderen Kinder, deren Resultate nicht über das hinauska-
men, was auch mit bloßem Raten zu erreichen gewesen
wäre. Der Unterschied zwischen den Gruppen erwies sich
als statistisch signifikant. Die Schlußfolgerungen aus der

Studie zum absoluten Gehör ließen sich also dahingehend erweitern, daß die autistischen Kinder nicht nur einzelne Töne erkennen und richtig zuordnen, sondern auch eine musikalisch eng verwobene Struktur in ihre Segmente zerlegen konnten. Daß sie den fehlenden Ton bestimmen konnten, zeigt außerdem, daß alle Komponenten des jeweiligen Akkords fest in ihrem Gedächtnis verankert waren. In diesem Zusammenhang möchte ich an den Savant-Musiker Noel erinnern, der die Harmonien der Begleitung zu Griegs Melodie reproduzieren konnte. Noel hatte also offenbar die einzelnen Komponenten der Akkorde ermittelt, während der Berufspianist dazu nicht in der Lage zu sein schien.

Damit wir strukturelle Merkmale erkennen können, reicht es also nicht aus, daß wir gesonderte Teilkomponenten erkennen und im Gedächtnis behalten. Um in einer Stadt, durch die wir schon einmal gegangen oder gefahren sind, einen Weg wiederzufinden, ohne einen Plan zu Hilfe zu nehmen, müssen wir uns nicht nur an die einzelnen Straßennamen erinnern, sondern auch eine Vorstellung davon haben, wie die Straßen miteinander verbunden sind und ob wir an einer Kreuzung nach rechts oder links in eine Straße einbiegen müssen. Tonintervalle sind durch den Abstand zwischen zwei gleichzeitig oder nacheinander zu hörenden Tönen definiert. Ein Intervall mit zwei aufeinanderfolgenden Tönen kann aufsteigend oder absteigend sein, das heißt, die Frequenz des zweiten Tons kann höher oder tiefer sein als die des ersten.

Im nächsten Experiment wurde untersucht, wie gut die Kinder solche auf- und absteigenden Bewegungen mit unterschiedlich großen Intervallen einordnen konnten. Die Fragestellung war, ob die autistischen Kinder nicht nur überdurchschnittlich gut darin waren, einzelne Töne zu erkennen und zu behalten sowie Akkorde in ihre Teilnoten aufzugliedern, sondern auch Töne zueinander in Beziehung setzen konnten. Die Kinder sollten entscheiden, ob kleine, mittlere oder große Tonintervalle auf- oder absteigend waren. Zur Erklärung zeigte Heaton ihnen Bilder eines Mannes, der eine Treppe hinauf- oder hinunterging, und sagte, auch Töne könnten hinauf- oder hinuntergehen. Dann spielte sie ihnen Paare von Tönen vor, bei denen der zweite höher oder tiefer als der erste war, und erklärte, daß höher »hinauf« bedeutete und tiefer »hinunter«. Nach mehreren solchen Demonstrationen wurden 48 Paare von Tönen vorgespielt, bei denen die Tonhöhenunterschiede von einem Halbton bis zu einer ganzen Oktave reichten. Die eine Hälfte der Intervalle war absteigend, die andere aufsteigend, und es waren jeweils 16 kleine, mittlere und große Intervalle zu hören. Um die Richtung des Intervalls anzugeben, sollten die Kinder auf das Bild mit dem treppauf oder dem treppab gehenden Mann zeigen.

Die Antwortmuster der zwei Gruppen fielen sehr unterschiedlich aus. Den Kindern der Vergleichsgruppe fiel es leicht, mittlere und große Intervalle richtig einzuordnen, doch mit den kleinen Intervallen kamen sie deutlich schlechter zurecht. Dagegen hatten die autistischen Kinder bei der Beurteilung der kleinen Intervalle keine Schwierigkeiten und konnten sämtliche Arten von Intervallen sehr gut zuordnen.

Um bei zwei aufeinanderfolgenden Tönen die Richtung des Intervalls zu bestimmen, muß man nicht nur die Töne erkennen und sich an sie erinnern, sondern auch beurteilen, in welchem Verhältnis sie zueinander stehen und ob der zweite Ton höher oder niedriger als der erste ist. Da dies den autistischen Kindern bei Tönen, zwischen denen der Abstand klein war, besser gelang als den Kindern der Kontrollgruppe, liegt die Vermutung nahe, daß sie für diese Art von Informationen ein geschärftes Wahrnehmungsvermögen haben. Zumindest in dieser Studie war bei musikalisch ungeschulten autistischen Kindern nicht nur festzustellen, daß sie sehr gut einzelne Töne erkennen, sich merken und Akkorde in ihre Segmente zerlegen konnten, sondern sie zeigten außerdem auch eine gesteigerte Sensibilität für die Beziehungen zwischen Noten. Dies geht über die besondere Fähigkeit zur Verarbeitung von Details hinaus, die als typisch für Autisten gilt. In der nächsten Studie untersuchte Heaton deshalb, ob sich Hinweise auf die Fähigkeit, musikalische Zusammenhänge zu erfassen, auch bei komplexeren musikalischen Gebilden wie Melodien ergeben würden.

Melodien enthalten Informationen auf vielerlei Ebenen, zum Beispiel zu Variablen wie Tonalität, Rhythmus und Tempo, wobei sich jede dieser Komponenten recht klar definieren läßt. Trotz dieser Vielschichtigkeit kann aber fast jeder von uns eine einmal gehörte Melodie wiedererkennen. Der Aspekt, auf den wir dabei am meisten achten, ist ihre allgemeine Form, das heißt das Steigen und Fallen ihrer Gesamtkontur. Man hat nachgewiesen, daß kleine Kinder für solche musikalischen Konturen besonders empfänglich sind, und ebendieser Aspekt einer Melodie bleibt bei ihrem Singen weitgehend erhalten. Melodien werden also offenbar in erster Linie als zusammenhängende Gesamtgestalten wahrgenommen und nicht so sehr als eine Abfolge von Einzelelementen. In ihrer nächsten Studie wollte Heaton prüfen, ob autistische Kinder Melodien als musikalische Gesamtmuster oder eher in ihren Detailkomponenten wahrnehmen.

Sie spielte den Kindern 30 Paare von Melodien vor, die aus sechs Tönen bestanden. Sie sollten beurteilen, ob die beiden Melodien eines Paares gleich oder verschieden waren. Bei zehn Paaren waren die Melodien identisch, und bei den

225

anderen unterschieden sie sich nur in einer Note, die in der Sequenz jeweils an unterschiedlichen Positionen stand. In zehn der »abweichenden« Melodien führte ein Tonschritt, der in der zugehörigen ersten Melodie des Paares nach oben gegangen war, nun nach unten und durchbrach die Gesamtgestalt und harmonische Struktur der Melodie. Bei den anderen zehn »abweichenden« Melodien war nur die Größe des Tonschritts verändert, nicht aber seine Richtung oder die harmonische Struktur der Melodie. Die melodische Gesamtgestalt und die harmonische Struktur blieben also erhalten.

In der Studie ergaben sich keine Unterschiede zwischen den autistischen und den nichtbehinderten Kindern. Alle Teilnehmer konnten die zwei Melodien eines Paares auseinanderhalten, wenn die Gesamtkontur durchbrochen wurde, doch wenn die veränderte Note die Kontur bestehen ließ, hielten sie die Melodien meist für identisch. Beim Verarbeiten von Melodien traten musikalische Einzelsegmente also nur dann in den Vordergrund, wenn sie die melodische Gesamtgestalt verletzten, und dies galt für die nichtbehinderten ebenso wie für die autistischen Kinder. Die Schlußfolgerung daraus war, daß zumindest auf musikalischem Gebiet die autistischen Kinder ebenso wie die nichtbehinderten Kinder in der Lage waren, sich am Gesamtzusammenhang einer kohärenten Struktur zu orientieren.

Als Gesamtergebnis der Studien zur musikalischen Auffassungsgabe von autistischen, musikalisch nicht vorgebildeten Kindern läßt sich festhalten, daß ihre Tendenz zum Verarbeiten von Detailinformationen und zur Segmentierung ihnen einen Vorteil zu verschaffen scheint, so daß sie Töne besser identifizieren und auseinanderhalten können. Ein solcher Verarbeitungsstil ging aber nicht mit einer Einschränkung der Fähigkeit einher, musikalische Elemente zueinander in Beziehung zu setzen. Selbst als sie bei dem Melodie-Experiment die Möglichkeit hatten, die Aufmerksamkeit ganz auf die Details der Melodien zu richten, reagierten sie statt dessen auf die globalen Merkmale der Musik. Zu klären bleibt, ob die Auffassungsgabe und die Neigung zu ganzheitlicher Wahrnehmung, die hier zutage traten, nur auf musikalischem oder auch auf anderen Gebieten zum Tragen kommen können.

Wie können die bei musikalisch ungeschulten Kindern ermittelten Befunde uns helfen, das Savant-Phänomen zu verstehen? In seinem Buch *Musical Savants* vermutet Miller, daß der Ausgangspunkt, an dem die Herausbildung des musikalischen Wissens bei einem Savant ansetzt, sein absolutes Gehör ist. Durch das Erkennen und Behalten einzelner Töne gewinnt er die Bausteine, aus denen sich nach und nach ein verzweigtes Wissenssystem über musikalische Strukturen entwickelt. Wie Sie sich erinnern werden, hatte ich die These aufgestellt, daß sich die Fähigkeiten von Kalender-Savants auf ganz ähnliche Weise herausbilden. Wie bei der Musik steht am Beginn ein Interesse an Details, in diesem Fall an einzelnen Kalenderdaten, und eine erhöhte Merkfähigkeit dafür. Durch das schrittweise Herausfiltern von Verknüpfungen zwischen ihnen entsteht eine Wissensgrundlage, die die Struktur des Kalenders widerspiegelt. Strukturelles Wissen dieser Art versetzt Savants nicht nur in die Lage, einem Datum aus der Vergangenheit den richtigen Wochentag zuzuordnen oder ein Musikstück nachzuspielen, sondern dient ihnen auch als Ausgangsbasis dafür, zukünftige Daten zu berechnen oder neue Musik zu kreieren. Ein weiteres Beispiel dafür, wie Savants sich von den Teilen zum Ganzen hin bewegen, bietet Christophers phänomenale Gewandtheit beim Erlernen eines neuen

Wortschatzes (siehe Kapitel 5). Das Meistern einer unbekannten Grammatik fiel ihm allerdings schwerer – so wie auch Noel trotz seines überragenden musikalischen Gedächtnisses mit der musikalischen »Grammatik« Mühe hatte. Alles in allem scheinen autistische Savants im Bereich ihrer Spezialbegabung aber so zu verfahren, daß sie von Einzelelementen ausgehen und daraus dann Grundmuster und Strukturen höherer Ordnung ableiten.

Bislang ist es Psychologen nicht gelungen, in überzeugender Weise herauszuarbeiten, aus welchen Teilkomponenten sich eine Begabung zusammensetzt. Das bedeutet aber nicht, daß es wesenseigene Begabungen, in deren Entfaltung diese oder jene geistigen Prozesse einfließen, gar nicht geben würde. In seinem Buch *Der zündende Funke* hat D. N. Perkins seine Definitionskriterien für das dargelegt, was er unter »Kreativität« versteht – unter der Essenz einer Begabung und ihrer Entfaltung. Das erste und wichtigste Kriterium besagt, daß Kreativität kein geistiger Zustand, sondern eine Aktivität ist. Kreativ sein bedeutet etwas *herstellen* oder *tun*. Ich habe wiederholt darauf hingewiesen, daß Savants dieses Kriterium zweifellos erfüllen. Ein Beispiel dafür war, daß Kalender-Savants Daten, die sie berechnet hatten, besser behalten konnten als andere, die sie sich nur genau angeschaut hatten. Savant-Künstler ließen ein hervorragendes Gedächtnis für visuelle Details nur in ihren Zeichnungen erkennen, nicht aber, wenn sie Objekte lediglich beobachteten. Perkins hält zweitens einen Plan oder ein Ziel für wesentlich, doch ob diese Zielgerichtetheit bei den Leistungen von Savants eine wesentliche Rolle spielt, ist fraglich. Perkins relativiert das zweite Kriterium allerdings und sagt, neue Ideen könnten nicht nur daraus entspringen, daß man stets die vollendete Aufgabe vor Augen hat, sondern auch aus den besonderen Umständen und Einzelheiten des Tätigseins. Damit dürfte die Vorgehensweise zumindest mancher Savants treffend beschrieben sein. Ein Beispiel dafür ist die Art, in der der Savant-Künstler Richard seine Bilder aus Farbschichten aufbaut.

Es gibt allerdings wenig Anhaltspunkte dafür, daß Savants ihre künstlerischen, musikalischen oder lyrischen Leistungen im Sinne von Perkins fortlaufend neu bewerten, überarbeiten und umstrukturieren. Laut Gombrich ist diese Art von Selbstkritik möglicherweise das wertvollste Erbe der westlichen Kunst. In Kates Gedichten konnte Adrian Pilkington keine selbstkritischen Ansätze entdecken und sagte deshalb, die Gedichte wirkten nicht wie Endprodukte, sondern wie Entwürfe. Für Kate und für andere Savants zählt die Aktivität, nicht das Ergebnis. Ein weiteres Kriterium wahrer Kreativität, das Savants sicherlich nicht erfüllen, ist das Suchen nach neuen Ausdrucksformen, wie sie die Geschichte der westlichen Kunst hervorgebracht hat.

Natürlich setzen die geistigen Behinderungen, unter denen Savants leiden, der Entwicklung ihrer Talente Grenzen. Es gibt keine Savants, die Genies wären. Keiner von ihnen wird ein neues mathematisches Theorem entdecken oder in der Kunst oder Musik eine neue Stilbewegung begründen. Ebensowenig ist von einem Savant-Pianisten eine neuartige, umwälzende Interpretation einer Beethoven-Klaviersonate zu erwarten. Aufgrund ihrer geistigen Beeinträchtigungen sind Savants außerstande, innovative Entwicklungen auf dem Gebiet ihrer Spezialbegabung wahrzunehmen. Wenn man ihre Leistungen beurteilt, muß man ihre allgemeinen kognitiven und emotionalen Einschränkungen stets mitberücksichtigen. Trotz alledem gehen diese Leistungen aber weit über das hinaus, was die meisten von uns zuwege bringen würden, und verdienen unseren Respekt und unsere Bewunderung.

Wie ich zu Beginn meiner Ausführungen gesagt habe, geht es mir um mehr als nur darum, Sie zum Staunen über das rätselhafte Phänomen der Savant-Begabungen zu bewegen. Meine Hauptabsicht ist, Ihnen einen Einblick in die geistigen Strategien zu geben, die autistische Menschen einsetzen, um ihre Begabungen zur Entfaltung zu bringen. Zu diesem Zweck habe ich Ihnen qualitative Analysen zu den Leistungen einiger einzelner Savants vorgestellt und die Befunde unserer Gruppenstudien skizziert. Das Sammeln von experimentellen Daten kann aber niemals Selbstzweck sein. Es schafft lediglich die Grundlage, von der aus wir Schlußfolgerungen zu beobachteten Verhaltensweisen und den ihnen zugrundeliegenden geistigen Prozessen ziehen können. Solche Schlußfolgerungen und theoriegeleiteten Deutungen sind keine feststehenden Wahrheiten, sondern jederzeit der Revision zugänglich. Im Gegensatz zu den Daten, die wir aus geschickt konzipierten Experimenten gewinnen, sind Schlußfolgerungen immer provisorisch. Im Laufe der Zeit kommen neue Forschungsergebnisse hinzu, die unsere Schlußfolgerungen, Erklärungen und Theorien ergänzen, entkräften, relativieren oder, was viel seltener ist, bestätigen. Nur auf diesem Weg sind Erkenntnisfortschritte möglich.

Ich hoffe, ich konnte auch etwas von der großen Freude vermitteln, die mir diese wissenschaftliche Arbeit bereitet hat. Dieselbe »Freude am Tun« sollte eine neue Generation von Experimentalpsychologen zu dem Versuch motivieren, meine Schlußfolgerungen zum Wesen von Savant-Begabungen zu widerlegen. Diderot, der Schriftsteller und Philosoph des achtzehnten Jahrhunderts, hat gesagt: »Man kann von mir verlangen, daß ich nach der Wahrheit suche, aber nicht, daß ich sie auch finde.«

# Ausgewählte Literatur

Frith, U. (1989) *Autism: Explaining the Enigma*. Oxford: Blackwell. (*Autismus: Ein kognitionspsychologisches Puzzle*. Heidelberg: Spektrum, Akademischer Verlag, 1992.)

Frith, U. (1991) *Autism and Asperger's Syndrome*. Cambridge: Cambridge University Press.

Happé, F. (1994) *Autism: An Introduction to Psychological Theory*. London: UCL Press.

Hermelin, B., und O'Connor, N. (1970) *Psychological Experiments with Autistic Children*. Oxford: Pergamon Press.

Miller, L. K. (1989) *Musical Savants*. Mahwah, NJ: Lawrence Earlbaum.

Perkins, D. N. (1981) *The Mind's Best Work*. Harvard, MA: Harvard University Press. (*Der zündende Funke: Jeder ist kreativ*. Berlin: Ullstein, 1984.)

Rutter, M., und Schopler, E. (Hg.) (1978) *Autism: A Reappraisal of Concepts and Treatment*. London: Plenum Press.

Sacks, O. (1985) *The Man Who Mistook His Wife For a Hat*. New York: Summit Books/Simon & Schuster. (*Der Mann, der seine Frau mit einem Hut verwechselte*. Reinbek: Rowohlt, 1987.)

Schopler, E., und Mesibov, G. B. (Hg.) (1983) *Learning and Cognition in Autism*. London: Plenum Press.

Schopler, E., und Mesibov, G. B. (1992) *High Functioning Individuals with Autism*. London: Plenum Press.

Smith, N., und Tsimpli, M. (1995) *The Mind of a Savant*. Oxford: Blackwell Publishers.

Treffert, A. D. (1989) *Extraordinary People*. London: Bantam.

Volksmar, F. (Hg.) (1999) *Autism and Pervasive Developmental Disorders*. Cambridge: Cambridge University Press.

Die in diesem Buch beschriebenen Forschungsarbeiten sind zuerst in folgenden Fachartikeln veröffentlicht worden: »Native Savant Talent and Acquired Skill« in *Autism 1*, 2, 1997 (veröffentlicht von Sage Publications); »Bottle, Tulip and Wineglass: Semantic and Structural Picture Processing by Savant Artists« in *Journal of Child Psychology and Psychiatry 34*, 8, 1993 (Pergamon Press); »A Visually Impaired Savant Artist: Interacting Perceptual and Memory Representations« in *Journal of Child Psychology and Psychiatry 40*, 7, 1999 (Cambridge University Press); »Visual Memory and Motor Programmes: Their Use by Idiot-Savant Artists and Controls« in *British Journal of Psychology 78*, 1987 (British Psychological Society); »Art and Accuracy: The Drawing Ability of Idiot-Savants« in *Journal of Child Psychology and Psychiatry 31*, 2, 1990 (Pergamon Press); »The Recognition Failure and Graphic Success of Idiot-Savant Artists« in *Journal of Clinical Psychology and Psychiatry 31*, 2, 1990 (Pergamon Press); »Visual and Graphic Abilities of the Idiot Savant Artist« in *Psychological Medicine 17*, 1987 (Cambridge University Press); »A Savant Poet« in *Psychological Medicine 26*, 1996 (Cambridge University Press).

# Sach- und Namenregister